Grammar 2
mentor joy

PEARSON
Longman

Grammar mentor joy 2

지은이 교재개발연구소

발행처 Pearson Education

판매처 inkedu(inkbooks)

전 화 (02) 455-9620(주문 및 고객지원)

팩 스 (02) 455-9619

등 록 제13-579호

Grammar mentor joy 2

선택이 중요합니다!

인생에 수많은 선택이 있듯이 많은 시간 함께할 영어 공부의 시작에도 수많은 선택이 있습니다. 오늘 여러분의 선택이 앞으로의 여러분의 영어실력을 좌우합니다. Grammar Mentor Joy 시리즈는 현장 경험이 풍부한 선생님들과 이전 학습자들의 의견을 충분히 수렴하여 여러분의 선택에 후회가 없도록 하였습니다.

효율적인 학습이 필요한 때입니다!

학습의 시간은 유한합니다. 중요한 것은 그 시간을 얼마나 효율적으로 사용하는 지입니다. Grammar Mentor Joy 시리즈는 우선 튼튼한 기초를 다지기 위해서 단계별 Syllabus를 현행 교과과정과 연계할 수 있도록 맞춤 설계하여 학습자들이 효율적으로 학습할 수 있도록 하였습니다. 또한 기존의 기계적 반복 학습 문제에서 벗어나 학습자들이 능동적 학습을 유도할 수 있도록 사고력 향상이 필요한 문제와 난이도를 조정하였습니다.

중학 기초 문법을 대비하는 교재입니다!

Grammar Mentor Joy 시리즈는 확고한 목표를 가지고 있습니다. 그것은 중학교 문법을 완벽하게 준비하는 것입니다. Grammar Mentor Joy 시리즈에서는 문법 기초를 확고하게 다루고 있기 때문에 중학교 문법은 새로운 것이 아닌 Grammar Mentor Joy 시리즈의 연장선에 지나지 않습니다. 또한 가장 힘들 수 있는 어휘 학습에 있어서도 반복적인 문제 풀이를 통해서 자연스럽게 기초 어휘를 학습하도록 하였습니다.

마지막으로 어떤 기초 교재보다도 처음 영어 문법을 시작하는 학습자들에게 더없이 완벽한 선택이 될 수 있다고 자신합니다. 이 교재를 통해서 영어가 학습자들의 평생 걸림돌이 아닌 자신감이 될 수 있기를 바랍니다. 감사합니다.

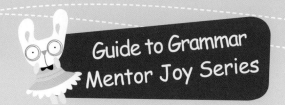

Guide to Grammar Mentor Joy Series

❶ 단계별 학습을 통한 맞춤식 문법 학습

– 각 Chapter별 2개의 Unit에서 세부 설명
과 Warm–up, First Step, Second Step,
Third Step, Writing Step과 Exercise,
Review Test, Achievement Test, 마지막으
로 실전모의테스트로 구성되어 있습니다.

❷ 서술형 문제를 위한 체계적인 학습

– 특히 Writing Step에서는 서술형 문제에
대비할 수 있도록 하고 있습니다.

❸ 단순 암기식 공부가 아닌 사고력이 필
요한 문제 풀이 학습

– 단순 패턴 드릴 문제가 아닌 이전 문제들
을 함께 섞어 제시하고 있어 사고력 향상에
도움이 되도록 하였습니다.

❹ 반복적인 학습을 통해 문제 풀이 능력
을 향상시킴

– 세분화된 Step으로 반복 학습이 가능합
니다.

❺ 맞춤식 어휘와 문장을 통한
체계적인 학습

– 학습한 어휘와 문장을 반복적으
로 제시하고 있어 무의식적으로
습득이 가능합니다.

❻ 중학 기초 문법을 대비하는
문법 학습

– 중학 문법에서 다루는 기초 문법
대부분을 다루고 있습니다.

❼ 반복적인 문제풀이를 통한 기
초 어휘 학습

– Chapter별 제공되는 단어장에는
자주 쓰는 어휘들을 체계적으로
제시하고 있습니다.

Syllabus

Grammar Mentor Joy 시리즈는 전체 4권으로 구성되어 있습니다. 각 Level이 각각 8개의 Chapter 총 6주의 학습 시간으로 구성되어 있는데, 특히 Chapter 4와 Chapter 8은 Review와 Achievement Test로 반복 복습할 수 있도록 구성되어 있습니다. 부가적으로 단어장과 전 시리즈가 끝난 후 실전 모의고사 테스트 3회도 제공되고 있습니다.

Level	Month	Week	Chapter	Unit	Homework
1	1st	1	1 단어의 역할	01 명사, 대명사, 동사, 형용사	*각 Chapter별 단어 퀴즈 제공 *각 Chapter별 드릴 문제 제공 *각 Chapter별 모의 테스트지 제공
				02 부사, 전치사, 접속사, 감탄사	
			2 명사 I	01 셀 수 있는 명사의 특징과 규칙 변화	
		2		02 명사의 변화	
			3 명사 II	01 셀 수 없는 명사와 특징	
				02 셀 수 없는 명사 표현 방법	
		3	4 관사	01 부정관사	
				02 정관사	
		4	5 대명사 I	01 인칭대명사	
				02 지시대명사와 지시형용사	
			6 대명사 II	01 대명사의 격변화와 역할	
		5		02 대명사와 명사의 격변화	
			7 be동사 I	01 be동사의 쓰임 I	
				02 be동사의 쓰임 II	
		6	8 be동사 II	01 be동사의 부정문	
				02 be동사의 의문문	
2	2nd	1	1 일반동사 I	01 일반동사의 쓰임	*각 Chapter별 단어 퀴즈 제공 *각 Chapter별 드릴 문제 제공 *각 Chapter별 모의 테스트지 제공
				02 일반동사의 3인칭 단수	
			2 일반동사 II	01 일반동사의 부정문	
		2		02 일반동사의 의문문	
			3 현재진행형	01 현재진행형 만들기	
				02 현재진행형의 부정문과 의문문	
	3rd	3	4 형용사	01 형용사의 종류 및 역할	
				02 반대의 뜻을 가진 형용사와 역할	
		4	5 기수 · 서수	01 기수와 서수	
				02 수읽기	
			6 부사	01 부사의 종류와 위치	
		5		02 부사의 형태와 역할	
			7 전치사	01 시간, 장소 전치사	
				02 위치를 나타내는 전치사	
		6	8 수량을 나타내는 표현	01 some, any와 many, much	
				02 a lot of/lots of, a few/few와 a little/little	

Level	Month	Week	Chapter	Unit	Homework
3	4th	1	1 be동사 과거	01 be동사 과거 Ⅰ	*각 Chapter별 단어 퀴즈 제공 *각 Chapter별 드릴 문제 제공 *각 Chapter별 모의테스트지 제공
				02 be동사 과거 Ⅱ	
			2 일반동사 과거	01 일반동사 과거형	
		2		02 일반동사 과거형의 부정문과 의문문	
			3 과거진행형과 비인칭주어 It	01 과거진행형	
				02 비인칭주어 It	
		3	4 조동사 Ⅰ	01 can, may	
				02 can, be able to, may의 부정문과 의문문	
		4	5 조동사 Ⅱ	01 must, have to, had better	
				02 must, have to, had better의 부정문	
			6 의문사 Ⅰ	01 Who, What, Which	
		5		02 Who, Whose, What, Which	
			7 의문사 Ⅱ	01 When, Where, Why	
				02 How	
		6	8 접속사	01 and, or, but	
				02 before, after, so because	
4	5th	1	1 미래시제	01 will	*각 Chapter별 단어 퀴즈 제공 *각 Chapter별 드릴 문제 제공 *각 Chapter별 모의테스트지 제공 *최종 3회의 실전모의고사 테스트지 제공
				02 be going to	
			2 의문사와 미래시제	01 의문사와 will	
		2		02 의문사와 be going to	
			3 의문사와 can, will	01 how와 can, will	
				02 의문사와 be going to, can	
	6th	3	4 비교급과 최상급	01 비교급	
				02 최상급	
		4	5 명령문과 감탄문	01 명령문	
				02 감탄문	
			6 부가의문문	01 부가의문문 – 앞 문장이 긍정문일 때	
		5		02 부가의문문 – 앞 문장이 부정문일 때	
			7 주요 동사의 쓰임 Ⅰ	01 동사+명사	
				02 동사+형용사 / 동사+to동사원형	
		6	8 주요 동사의 쓰임 Ⅱ	01 동사+명사+명사	
				02 동사+to동사원형	

Construction

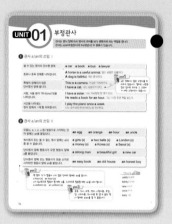

Unit
각 Chapter를 2개의 Unit으로 나누어 보다 심층적이고 체계적으로 학습할 수 있도록 했습니다.

Second Step
First Step보다 한 단계 높은 수준의 내용을 이해하면서 문제를 해결하도록 구성했습니다.

Warm-up
본격적인 학습에 앞서 Unit의 기본적인 내용을 점검하는 단계입니다.

Third Step
난이도 있는 문제를 풀면서 여러분이 각 Unit의 내용을 얼마나 이해했는지 점검하도록 했습니다.

First Step
각 Unit에서 다루고 있는 문법의 기본적인 내용들을 점검할 수 있도록 했습니다.

Writing Step

서술형 문제에 대비하는 단계로 단순 단어의 나열이 아닌, 사고력이 요하는 문제들로 구성되어 있습니다.

Final Step

각 Chapter의 내용을 최종 점거하는 단계로 두 Unit의 내용들을 기초로 한 문제들로 구성되어 있습니다.

Exercise

각 Chapter의 내용을 통합해 내신 문제 유형을 통해 다시 한 번 정리할 수 있도록 구성되어 있습니다.

Review Test

Chapter 4개마다 구성되어 있으며, 앞서 배운 기본적인 내용들을 다시 한 번 풀어 보도록 구성했습니다.

Achievement Test

Chapter 4개마다 구성되어 있으며, 5지선다형 문제와 서술형 문제로 구성되어 있어 실전 내신문제에 대비하도록 했습니다.

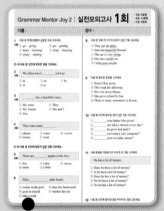

실전모의고사

총 3회로 구성되어있으며 각 Level의 모든 내용을 5지선다형 문제와 서술형 문제로 구성하여 여러분들이 최종적으로 학습한 내용을 점검할 수 있도록 했습니다.

Contents

Chapter 1 일반동사 I	11

Unit 01 일반동사의 쓰임
Unit 02 일반동사의 3인칭 단수

Chapter 2 일반동사 II	35

Unit 01 일반동사의 부정문
Unit 02 일반동사의 의문문

Chapter 3 현재진행형	59

Unit 01 현재진행형 만들기
Unit 02 현재진행형의 부정문과 의문문

Chapter 4 형용사	83

Unit 01 형용사의 종류 및 역할
Unit 02 반대의 뜻을 가진 형용사와 역할

Chapter 5 기수 · 서수	115

Unit 01 기수와 서수
Unit 02 수읽기

Chapter 6 부사	139

Unit 01 부사의 종류와 위치
Unit 02 부사의 형태와 역할

Chapter 7 전치사	163

Unit 01 시간, 장소 전치사
Unit 02 위치를 나타내는 전치사

Chapter 8 수량을 나타내는 표현	187

Unit 01 some, any와 many, much
Unit 02 a lot of/lots of, a few/few와 a little/little

Grammar Mentor Joy 1	Grammar Mentor Joy 3	Grammar Mentor Joy 4
Chapter 1 단어의 역할	Chapter 1 be동사 과거	Chapter 1 미래시제
Chapter 2 명사 I	Chapter 2 일반동사 과거	Chapter 2 의문사와 미래시제
Chapter 3 명사 II	Chapter 3 과거진행형과 비인칭주어 It	Chapter 3 의문사와 can, will
Chapter 4 관사	Chapter 4 조동사 I	Chapter 4 비교급과 최상급
Chapter 5 대명사 I	Chapter 5 조동사 II	Chapter 5 명령문과 감탄문
Chapter 6 대명사 II	Chapter 6 의문사 I	Chapter 6 부가의문문
Chapter 7 be동사 I	Chapter 7 의문사 II	Chapter 7 주요 동사의 쓰임 I
Chapter 8 be동사 II	Chapter 8 접속사	Chapter 8 주요 동사의 쓰임 II

Chapter 1

일반동사 I

Word Check

☐ actor	☐ country	☐ drive	☐ fix	☐ fresh
☐ history	☐ hunt	☐ Korean	☐ market	☐ marry
☐ museum	☐ need	☐ nurse	☐ rise	☐ shine
☐ stay	☐ uniform	☐ vegetable	☐ weekend	☐ worry

UNIT 01 일반동사의 쓰임

일반동사란 be동사와 조동사(can, will 등)를 제외한 동사를 말하며, 주어의 동작이나 상태를 나타내는 역할을 합니다.

❶ 일반동사의 현재시제

일반동사의 현재형은 주어가 3인칭 단수(he, she, it 등)가 올 때 동사 끝에 -s 또는 -es를 붙입니다.

주어		일반동사의 현재시제
1, 2인칭 단수, 복수 3인칭 복수	I / You / They / We	**live** in Korea.
3인칭 단수	He / She / It	**lives** in Korea.

주어		일반동사의 현재시제
명사 복수	Jack and Tom	**live** in Korea.
명사 단수	Jack	**lives** in Korea.

❷ 현재시제를 사용하는 경우

일반동사의 현재시제는 현재 상태, 변하지 않는 진리, 습관, 반복적 행동, 과학적 사실, 속담이나 격언 등을 나타낼 때 사용합니다.

현재의 상태	I **live** in Seoul. 나는 서울에 산다. I **love** her. 나는 그녀를 사랑한다.
반복적 행동	We **go** to the beach every Sunday. 우리는 매주 일요일 해변에 간다. I **get up** at seven every day. 나는 매일 7시에 일어난다.
과학적 사실	The sun **rises** in the east. 태양은 동쪽에서 떠오른다. The earth **goes** around the sun. 지구는 태양 주위를 돈다.
일반적인 사실	We **eat** rice. 우리는 밥을 먹는다. Many **animals** live on the earth. 많은 동물들이 지구에 산다.

 ·live 살다   ·get up 일어나다   ·beach 해변   ·rise 떠오르다   ·teach 가르치다

Warm up

● 다음 동사의 뜻을 쓰세요.

정답 및 해설 p.2

01	want	원하다	20	sing	노래하다
02	help		21	clean	
03	drink		22	sit	
04	need		23	teach	
05	walk	걷다	24	study	
06	watch		25	wash	
07	have		26	run	달리다
08	work		27	jump	
09	learn		28	meet	
10	visit		29	wear	
11	see		30	make	
12	speak		31	buy	사다
13	write		32	come	
14	use		33	fly	
15	live		34	read	
16	hear	듣다	35	believe	
17	hunt		36	enjoy	즐기다
18	open		37	close	
19	feel		38	hate	

First Step

1 다음 문장에서 밑줄 친 단어의 뜻을 쓰세요.

정답 및 해설 **p.2**

- drink 마시다
- shine 빛나다
- math 수학
- city hall 시청
- river 강
- enjoy 즐기다
- hard 열심히
- clean 청소하다

01 I <u>have</u> a dog.

→ 나는 개를 _____가지고 있다_____.

02 My mom <u>drinks</u> coffee.

→ 엄마는 커피를 _____.

03 Stars <u>shine</u> at night.

→ 별들은 밤에 _____.

04 They <u>like</u> computer games.

→ 그들은 컴퓨터 게임을 _____.

05 I <u>love</u> my parents.

→ 나는 부모님을 _____.

06 I <u>eat</u> dinner at seven.

→ 나는 7시에 저녁을 _____.

07 The teacher <u>teaches</u> math.

→ 그 선생님은 수학을 _____.

08 My mother <u>works</u> at the city hall.

→ 나의 어머니는 시청에서 _____.

09 We <u>swim</u> in the river.

→ 우리는 강에서 _____.

10 They <u>enjoy</u> fishing.

→ 그들은 낚시를 _____.

11 She <u>studies</u> hard.

→ 그녀는 열심히 _____.

12 I <u>clean</u> my room.

→ 나는 나의 방을 _____.

2 다음 문장에서 밑줄 친 단어의 뜻을 쓰세요.

정답 및 해설 p.2

Words

- hunt 사냥하다
- rabbit 토끼
- once a week 일주일에 한 번
- enjoy 즐기다
- reading 독서
- get up 일어나다
- cry 울다
- at night 밤에
- visit 방문하다

01 She <u>likes</u> hotdogs.
→ 그녀는 핫도그를 <u>　　　좋아한다　　　</u>.

02 Jane often <u>wears</u> sunglasses.
→ Jane은 종종 선글라스를 _____.

03 They <u>hunt</u> rabbits.
→ 그들은 토끼를 _____.

04 She <u>meets</u> her friends once a week.
→ 그녀는 친구들을 일주일에 한 번 _____.

05 He <u>hates</u> math.
→ 그는 수학을 _____.

06 They <u>live</u> in Seoul.
→ 그들은 서울에 _____.

07 Jessica <u>makes</u> a cake.
→ Jessica는 케이크를 _____.

08 My mother <u>gets up</u> at 6:30.
→ 나의 어머니는 6시 30분에 _____.

09 He <u>drives</u> a bus.
→ 그는 버스를 _____.

10 The baby <u>cries</u> at night.
→ 그 아기는 밤에 _____.

11 Judy <u>listens</u> to the radio.
→ Judy는 라디오를 _____.

12 My parents <u>visit</u> a museum.
→ 나의 부모님은 박물관을 _____.

Second Step

1 다음 보기의 단어를 이용하여 빈칸에 알맞은 말을 쓰세요.

정답 및 해설 p.2

> watch   live   teach   go   use   know   help   like   play   brush

Words

· live in ~에 살다
· history 역사
· every day 매일
· brush 닦다
· by subway
　지하철로

01 We _____live_____ in Korea.
우리는 한국에 산다.

02 They _____ history at school.
그들은 학교에서 역사를 가르친다.

03 I _____ my cell phone every day.
나는 매일 나의 휴대폰을 사용한다.

04 My friends _____ hamburgers.
나의 친구들은 햄버거를 좋아한다.

05 I _____ my teeth after breakfast.
나는 아침식사 후 이를 닦는다.

06 My parents _____ TV in the evening.
나의 부모님은 저녁에 TV를 보신다.

07 Jane and John _____ poor people.
Jane과 John은 가난한 사람들을 돕는다.

08 I _____ baseball with my friends after school.
나는 방과 후 친구들과 야구를 한다.

09 They _____ to school by subway.
그들은 지하철로 학교에 간다.

10 We _____ his parents.
우리는 그의 부모를 알고 있다.

2 다음 보기의 단어를 이용하여 빈칸에 알맞은 말을 쓰세요.

정답 및 해설 p.2

swim read learn wear clean feel have buy close work

- magazine 잡지
- close 닫다
- hospital 병원
- feel 느끼다
- river 강
- nurse 간호사
- uniform 유니폼
- vegetable 야채
- market 시장

01 I _____read_____ magazines.

나는 잡지를 읽는다.

02 These shops _____ at 9:00.

이 상점들은 9시에 문을 닫는다.

03 They _____ at a hospital.

그들은 병원에서 일한다.

04 My friends _____ English.

나의 친구들은 영어를 배운다.

05 I _____ my room every day.

나는 나의 방을 매일 청소한다.

06 I _____ good now.

나는 지금 기분이 좋다.

07 We _____ in the river.

우리는 강에서 수영한다.

08 They _____ dinner at 7:00.

그들은 7시에 저녁을 먹는다.

09 The nurses _____ uniforms.

간호사들은 유니폼을 입는다.

10 We _____ vegetables at a market.

우리는 시장에서 야채를 산다.

Third Step

🍎 다음 문장을 주어를 바꿔 다시 쓰세요.

정답 및 해설 p.2

Words

- shopping mall 쇼핑몰
- early 일찍
- fast 빠르게
- necklace 목걸이
- in the morning 아침에
- ride 타다
- bike 자전거

01 She reads books.

→ I _____ read books _____ .

02 Jane works at a shopping mall.

→ We _____ .

03 He comes home early.

→ They _____ .

04 She needs new shoes.

→ I _____ .

05 A horse runs fast.

→ Horses _____ .

06 He lives in Seoul.

→ Susan and I _____ .

07 My father likes Korean food.

→ My brother and I _____ .

08 My mom wears a necklace.

→ I _____ .

09 Jane washes the dishes after dinner.

→ We _____ .

10 My sister drinks a glass of juice in the morning.

→ I _____ .

11 My friend walks to school.

→ We _____ .

12 He rides a bike in the afternoon.

→ They _____ .

Writing Step

🍎 **주어진 단어를 이용하여 문장을 완성하세요.**

정답 및 해설 p.3

01 나는 그들을 안다. (them, know)

→ I _____ know them _____ .

02 내 개들은 빨리 달린다. (fast, run)

→ My dogs _____ .

03 그녀는 매일 도서관에 간다. (goes to, every day, the library)

→ She _____ .

04 그들은 공상과학영화를 좋아한다. (SF movies, like)

→ They _____ .

05 James는 일요일에 영화를 본다. (a movie, watches, on Sunday)

→ James _____ .

06 나는 조부모님을 방문한다. (visit, grandparents, my)

→ I _____ .

07 그들은 고양이 다섯 마리가 있다. (cats, five, have)

→ They _____ .

08 그는 그의 조국을 사랑한다. (his country, loves)

→ He _____ .

09 새들은 두 개의 날개가 있다. (two, have, wings)

→ Birds _____ .

10 Jack과 나는 신선한 야채를 원한다. (fresh, want, vegetables)

→ Jack and I _____ .

11 우리는 주말에 낚시를 간다. (go, on weekends, fishing)

→ We _____ .

12 내 친구들은 다섯 병의 물이 필요하다. (need, five, water, bottles of)

→ My friends _____ .

Words

- library 도서관
- SF movie 공상과학영화
- country 나라
- wing 날개
- fresh 신선한
- vegetable 채소
- go fishing 낚시하러 가다
- bottle 병

UNIT 02 일반동사의 3인칭 단수

3인칭은 '말하는 나(1인칭)'와 '듣는 너(2인칭)'를 제외한 모든 것을 다 말하며, 3인칭 단수는 '3인칭인데 한 명[한 개]가 있다는 것'을 의미합니다. 3인칭 단수는 he, she, it 이외에 the book, Julie(사람 1명), a tiger 등이 있습니다.

1 일반동사의 3인칭 단수형 만들기 – 주어가 3인칭 단수일 때 사용

대부분의 동사에는 s를 붙입니다.	want → wants know → knows	live → lives call → calls
o, x, s, sh, ch로 끝나는 동사에는 es를 붙입니다.	go → goes pass → passes watch → watches	mix → mixes wash → washes do → does
「모음+y」로 끝나는 동사에는 s를 붙입니다.	play → plays enjoy → enjoys	stay → stays buy → buys
「자음+y」로 끝나는 동사는 y를 i로 바꾸고 es를 붙입니다.	study → studies fly → flies	try → tries cry → cries
불규칙 동사	have → has	

2 동사원형의 사용

주어가 1인칭(I), 2인칭(You), 복수(They, We, You), 복수명사(Julie and Mickey)인 경우 현재형에는 동사원형(동사의 원래 형태)을 사용합니다.

I **watch** TV after school.	나는 방과 후에 TV를 본다.
They **go** to bed at ten.	그들은 10시에 자러 간다.
We **have** two computers.	우리는 컴퓨터 두 대를 가지고 있다.
Julie and Mickey **learn** Korean.	Julie와 Mickey는 한국어를 배운다.

- **go to bed** 잠자러 가다
- **meet** 만나다
- **fly** 날다
- **worry** 걱정하다
- **understand** 이해하다
- **watch** 지켜보다
- **cut** 자르다
- **speak** 이야기 하다
- **swim** 수영하다
- **drive** 운전하다
- **marry** 결혼하다
- **try** 시도하다

Warm up

● 다음 동사를 3인칭 단수형태로 바꿔 쓰세요.

정답 및 해설 p.3

01	cut	cuts	16	speak	speaks
02	make		17	marry	
03	tell		18	fly	
04	sell		19	read	
05	drive		20	do	
06	say		21	buy	
07	give		22	teach	
08	drink		23	see	
09	like		24	want	
10	cry		25	watch	
11	think		26	come	
12	meet		27	eat	
13	understand		28	enjoy	
14	pass		29	swim	
15	wash		30	try	

First Step

1 다음 괄호 안에서 알맞은 단어를 고르세요.

정답 및 해설 p.3

Words

· mountain 산
· homework 숙제
· at night 밤에
· rise 뜨다, 떠오르다
· after dinner
  저녁식사 후에
· bank 은행
· hospital 병원
· speak 말하다
· math 수학

01 We (**have**/ has) a cat.

02 I (go / goes) to the mountain every Sunday.

03 She (finish / finishes) her homework.

04 They (play / plays) the guitar at night.

05 She and I (know / knows) Mr. Smith.

06 Sam (live / lives) in Chicago.

07 The sun (rise / rises) in the east.

08 An elephant (have / has) a long nose.

09 He (watch / watches) TV after dinner.

10 Mary and Jake (wash / washes) the dishes.

11 My mother (work / works) at a bank.

12 They (work / works) at a hospital.

13 Andy (speak / speaks) English well.

14 He (learn / learns) English.

15 They (teach / teaches) math.

2 다음 괄호 안에서 알맞은 단어를 고르세요.

정답 및 해설 p.3

01 I (get up / gets up) at seven.

02 My sister (like / likes) apples.

03 She (drink / drinks) coffee every day.

04 I (eat / eats) sandwiches for lunch.

05 My friends (study / studies) hard.

06 My father (wash / washes) his car.

07 They (go / goes) to school by subway.

08 The baby (cry / cries) all day.

09 Birds (fly / flies) in the sky.

10 She and I (clean / cleans) the living room.

11 He (run / runs) fast.

12 The students (do / does) their homework.

13 My brother (have / has) a cold.

14 Julie (want / wants) a new bag.

15 The nurses (wear / wears) uniforms.

Words

· subway 지하철
· cry 울다
· all day 하루 종일
· fly 날다
· living room 거실
· homework 숙제
· have a cold 감기에 걸리다
· nurse 간호사
· wear 입다
· uniform 유니폼

Second Step

1 주어진 단어를 이용하여 빈칸에 알맞은 말을 쓰세요.

정답 및 해설 p.4

Words

01 She _____learns_____ English. (learn)

02 My father _____ his car. (wash)

03 She _____ the piano every day. (play)

04 They _____ comic books. (like)

05 My father and I _____ a walk in the morning. (take)

06 He _____ his homework after school. (do)

07 We _____ the classroom after school. (clean)

08 My mother _____ a meal for me. (make)

09 I _____ rainy days. (hate)

10 He _____ the store at ten. (open)

11 The shopping mall _____ at nine. (close)

12 The students _____ dancing. (learn)

13 A year _____ 365 days. (have)

14 James _____ so good now. (feel)

15 They _____ French. (speak)

- comic book 만화책
- take a walk 산책하다
- in the morning 아침에
- meal 음식
- rainy day 비 오는 날
- open 열다
- close 닫다
- dancing 춤추는 것
- feel good 기분이 좋다
- French 프랑스어

2 주어진 단어를 이용하여 빈칸에 알맞은 말을 쓰세요.

정답 및 해설 p.4

01 He ____teaches____ English. (teach)

02 My father _____ at a bank. (work)

03 Sara _____ books at a bookstore. (buy)

04 The library _____ at seven. (open)

05 She _____ computer games. (enjoy)

06 He _____ his bike. (fix)

07 My mom _____ clothes at the shopping mall. (sell)

08 The bus _____ to the city hall. (go)

09 Mr. Smith _____ fish in the river. (catch)

10 She sometimes _____ along the beach. (walk)

11 My sister _____ two pieces of cheese. (want)

12 Julie _____ at home in the morning. (stay)

13 He and I _____ English classes on Monday. (have)

14 A bird _____ in the sky. (fly)

15 My daughter _____ the piano every day. (practice)

- bank 은행
- bookstore 서점
- library 도서관
- fix 수리하다
- clothes 옷(항상 복수형)
- city hall 시청
- catch 잡다
- sometimes 가끔
- along ～을 따라
- class 수업
- practice 연습하다

Third Step

🍎 다음 문장에서 밑줄 친 부분을 바르게 고쳐 쓰세요.

정답 및 해설 p.4

01 They <u>knows</u> me. → ___know___

02 We <u>plays</u> tennis after school. → _____

03 I <u>wants</u> a cup of coffee. → _____

04 She <u>need</u> three pieces of cheese. → _____

05 My brother <u>study</u> English. → _____

06 He <u>play</u> computer games. → _____

07 Jane often <u>go</u> to the beach. → _____

08 The students <u>dances</u> on the stage. → _____

09 I <u>brushes</u> my teeth. → _____

10 My father <u>have</u> a new car. → _____

11 The birds <u>flies</u> high in the sky. → _____

12 Tom and Jane <u>speaks</u> Korean. → _____

13 Jane and her sister often <u>visits</u> me. → _____

14 My mom <u>buy</u> red roses. → _____

15 The animals <u>has</u> long tongues. → _____

Words

· know 알다
· after school
  방과 후에
· need 필요하다
· beach 해변
· stage 무대
· brush 닦다
· high 높이
· Korean 한국어
· long 긴
· tongue 혀

Writing Step

주어진 단어를 이용하여 문장을 완성하세요. (필요하면 동사형태를 바꾸세요.)

Words

- close 닫다
- fix 고치다
- swim 수영하다
- sea 바다
- walk 걷다
- get up 일어나다
- in his hand 그의 손에
- well 잘, 훌륭히

01 나는 개 한 마리를 가지고 있다. (a dog, have)

→ I _____have a dog_____.

02 그 식당은 11시에 닫는다. (at eleven, close)

→ The restaurant _____.

03 그 남자는 컴퓨터를 고친다. (fix, computers)

→ The man _____.

04 그녀는 바다에서 수영을 한다. (in the sea, swim)

→ She _____.

05 아버지는 아침에 우유를 마신다. (in the morning, milk, drink)

→ My father _____.

06 그들은 학교에 걸어간다. (school, walk, to)

→ They _____.

07 Jane은 영어로 말을 잘한다. (speak, well, English)

→ Jane _____.

08 내 누나들은 바이올린을 연주한다. (the violin, play)

→ My sisters _____.

09 그 아기는 아침에 일찍 일어난다. (get up, in the morning, early)

→ The baby _____.

10 내 선생님은 나를 도와주신다. (me, help)

→ My teacher _____.

11 그는 빵 세 조각이 필요하다. (need, bread, three pieces of)

→ He _____.

12 Samuel은 손에 아름다운 꽃들을 가지고 있다. (have, beautiful flowers)

→ Samuel _____ in his hand.

Final Step

일반동사 현재시제 문장 점검하기

정답 및 해설 p.5

1 다음 보기의 단어를 이용하여 빈칸에 알맞은 말을 쓰세요.
(필요하면 동사의 형태를 바꾸세요.)

> go have visit work eat make sing finish run get

01 I often _____eat_____ spaghetti.

나는 자주 스파게티를 먹는다.

02 He _____ to the beach on weekends.

그는 주말마다 해변에 간다.

03 They _____ two sons.

그들은 아들이 둘 있다.

04 His parents _____ hard.

그의 부모님은 열심히 일하신다.

05 My mom sometimes _____ pizza.

나의 엄마는 가끔 피자를 만드신다.

06 My father _____ up early in the morning.

나의 아버지는 아침에 일찍 일어나신다.

07 Jessica _____ well.

Jessica는 노래를 잘한다.

08 His dog _____ fast.

그의 개는 빨리 달린다.

09 John _____ the museum every week.

John은 박물관을 매주 방문한다.

10 She _____ her homework before dinner.

그녀는 저녁식사 전에 숙제를 마친다.

Words

- often 자주
- weekend 주말
- on weekends 주말마다
- sometimes 가끔
- early 일찍
- well 잘
- museum 박물관
- visit 방문하다
- every week 매주

2 다음 보기의 단어를 이용하여 빈칸에 알맞은 말을 쓰세요.
(필요하면 동사의 형태를 바꾸세요.)

정답 및 해설 p.5

---

drive write buy wash watch have come stay teach study

---

01 Jenny ____studies____ English hard.

Jenny는 영어를 열심히 공부한다.

02 She _____ a diary at night.

그녀는 밤에 일기를 쓴다.

03 My uncle _____ math at a middle school.

나의 삼촌은 중학교에서 수학을 가르치신다.

04 She _____ her car.

그녀는 차를 세차한다.

05 They _____ clothes at a shopping mall.

그들은 쇼핑몰에서 옷을 산다.

06 We _____ TV every day.

우리는 매일 TV를 본다.

07 His father _____ a bus.

그의 아버지는 버스를 운전하신다.

08 She and I _____ home late.

그녀와 나는 집에 늦게 온다.

09 The movie actor _____ at a hotel.

그 영화배우는 호텔에서 지낸다.

10 My brother _____ many friends.

내 동생은 친구들이 많다.

Words

- diary 일기
- math 수학
- middle school 중학교
- clothes 옷
- actor 배우
- hotel 호텔
- stay 머무르다, 체류하다

Exercise

[1–2] 다음 중 동사원형과 3인칭 단수의 연결이 바르게 된 것을 고르세요.

1
① study – studys
② know – knows
③ buy – buies
④ play – playes
⑤ have – haves

2
① teach – teachs
② tell – telles
③ finish – finishes
④ work – workes
⑤ speak – speakes

[3–4] 다음 중 빈칸에 알맞은 말을 고르세요.

3

> _____ watch TV every day.

① It   ② He   ③ She
④ My sister   ⑤ They

4

> _____ plays computer games after school.

① My friends   ② They   ③ She
④ We   ⑤ You

 Note

1-2
「자음+y」로 끝나는 동사와 「모음
+y」로 끝나는 동사의 3인칭 단
수 형태를 생각하세요.

3-4
동사의 형태를 생각하세요.

[5-6] 다음 중 밑줄 친 부분이 잘못된 것을 고르세요.

5 ① He <u>washes</u> his hands before meal.
② She <u>goes</u> to school by bus.
③ Sam <u>likes</u> Korean food.
④ My sister <u>study</u> hard every day.
⑤ My mother <u>drinks</u> coffee in the morning.

6 ① My cousin <u>plays</u> the violin.
② My uncle <u>drives</u> a truck.
③ Jack and I <u>gets</u> up early in the morning.
④ They <u>know</u> him.
⑤ I <u>eat</u> dinner at eight.

[7-8] 다음 중 빈칸에 알맞지 <u>않은</u> 것을 고르세요.

7

We _____ milk.

① drink   ② like   ③ sell
④ has   ⑤ make

8

She _____ pizza.

① loves   ② buy   ③ makes
④ eats   ⑤ hates

> **Note**
>
> **5** before meal 식사 전에
>
> **6** cousin 사촌
>
> **7** 주어 1인칭 복수에 올 수 없는 동사를 생각하세요.
>
> **8** 동사가 3인칭 단수의 형태가 아닌 것을 생각하세요.

Exercise

[9-10] 다음 중 올바른 문장을 고르세요.

9 ① He enjoys computer games.
   ② They wants fresh milk.
   ③ The boys plays soccer.
   ④ I visits my aunt.
   ⑤ The class start at nine.

9 fresh 신선한
  aunt 이모, 고모

10 ① Kathy read books every day.
   ② We plays basketball in the gym.
   ③ The library open at seven.
   ④ The baby cry at night.
   ⑤ The girls have their computers.

10 gym 체육관

[11-12] 다음 중 빈칸에 들어갈 말이 순서대로 짝지어진 것을 고르세요.

11

• Susie _____ a cat.
• My parents _____ me.

① have – love   ② has – love
③ has – loves   ④ had – loves
⑤ haves – love

11 have의 3인칭 단수 형태를
   생각하세요.

12

• Tom and his brother _____ English.
• She _____ two slices of cheese.

① learn – need   ② learns – need
③ learns – needs   ④ learn – needs
⑤ learn – needes

12 주어가 3인칭 단수인지 아닌
   지 생각하세요.

13 주어진 단어를 이용하여 문장을 완성하세요.

(1) Amy _____ English well. (speak)

(2) She _____ in the river. (swim)

(3) They _____ lunch at noon. (have)

13 have lunch 점심을 먹다
동사의 3인칭 단수 현재형의
쓰임을 생각하세요.

[14–16] 밑줄 친 부분을 바르게 고쳐 쓰세요.

14

Julie and I <u>knows</u> the boy.

→ _____

15

The baby <u>sleep</u> for ten hours.

→ _____

16

My father <u>teach</u> science at a middle school.

→ _____

Take a break!

passport control
출국 수속

suitcase
여행 가방

departure lounge
탑승 대기실

destination
목적지, 행선지

luggage
짐, 가방, 수화물

passport
여권

cabin
객실

flight attendant
객실 승무원

nationality
국적

money changing
환전

customs
세관

arrival
도착

boarding gate
탑승구

duty free shop
면세점

immigration
입국 관리

departure
출발

baggage claim
수화물 찾는 곳

transfer
갈아타다

Chapter 2

일반동사 II

Word Check

☐ address	☐ before	☐ diary	☐ ending	☐ enjoy
☐ exam	☐ exercise	☐ farm	☐ finish	☐ grow
☐ guest	☐ hospital	☐ hungry	☐ invite	☐ leaf
☐ nap	☐ prepare	☐ remember	☐ seed	☐ understand

UNIT 01 일반동사의 부정문

일반동사의 부정문은 '~하지 않다'라는 뜻으로 주어 뒤에 「do not+동사원형」 또는 「does not+동사원형」이 옵니다.

① 일반동사의 부정문 형태

주어		일반동사 부정문
1, 2인칭 단수, 복수 3인칭 복수	I / You / They / We	**do not** like pizza.
3인칭 단수	He / She / It	**does not** like pizza.

주어		일반동사의 현재시제
명사 복수	Jack and Tom	**do not live** in Korea.
명사 단수	Jack	**does not live** in Korea.

I like pizza. → I **do not like** pizza. 나는 피자를 좋아하지 않는다.

He likes pizza. → He **does not** like pizza. 그는 피자를 좋아하지 않는다.

They like pizza. → They **do not** like pizza. 그들은 피자를 좋아하지 않는다.

Sam and Tom like pizza. → Sam and Tom **do not like** pizza. Sam과 Tom은 피자를 좋아하지 않는다.

plus **1**

주어가 3인칭 단수일 경우에 일반동사 바로 앞에 does not을 써서 부정문을 만듭니다. 이때 일반 동사에는 s나 es를 붙이지 않습니다.

② 일반동사 부정문의 줄임말

주어	일반동사 부정문의 줄임말
I / You / We / They / 복수명사	**don't**(= do not) like pizza.
He / She / It / 단수명사	**doesn't**(= does not) like pizza.

I **do not play** the guitar. → I **don't** play the guitar. 나는 기타를 연주하지 않는다.

It **does not have** wings. → It **doesn't** have wings. 그것은 날개가 없다.

plus **2**

일반 동사 부정문과 be 동사 부정문
일반 동사의 부정문 - do not[don't] / does not [doesn't]+동사원형
be 동사의 부정문 - is not[isn't] / are not [aren't]+명사 / 형용사
She doesn't a doctor. (x)   She isn't a doctor. (o)
He doesn't sleepy. (x)   He isn't sleepy. (o)

Warm up

● 다음 괄호 안에서 알맞은 말을 고르세요.

Words

· glasses 안경
· rice 쌀
· cow 소

01 I ((do not)/ does not) like apples.

02 They (do not / does not) go to school.

03 My friends (do not / does not) have dogs.

04 My mom (do not / does not) have a car.

05 Tom and Jane (do not / does not) play soccer.

06 His brother (do not / does not) wear glasses.

07 My dad (do not / does not) teach English.

08 The dogs (do not / does not) run fast.

09 She and I (do not / does not) get up early.

10 Sam (do not / does not) watch TV.

11 They (do not / does not) eat rice.

12 Sara (do not / does not) drink milk.

13 My uncle (do not / does not) have cows.

14 His sister (do not / does not) want new cell phone.

15 We (do not / does not) play computer games.

First Step

1 다음 우리말과 일치하도록 빈칸에 알맞은 말을 쓰세요. (축약형으로 쓰세요.)

정답 및 해설 p.6

01 They _____don't_____ like fruits.
그들은 과일을 좋아하지 않는다.

02 My mom _____ work at a hospital.
엄마는 병원에서 일하지 않으신다.

03 The shopping mall _____ close at nine.
그 쇼핑몰은 9시에 닫지 않는다.

04 Mike _____ have a big house.
Mike는 큰 집을 가지고 있지 않다.

05 My sister _____ sing well.
내 여동생(누나)은 노래를 잘하지 못한다.

06 My friends _____ study hard.
내 친구들은 열심히 공부하지 않는다.

07 You _____ need my help.
너는 내 도움이 필요 없다.

08 Kelly _____ take a walk in the morning.
Kelly는 아침에 산책을 하지 않는다.

09 The man _____ know my phone number.
그 남자는 내 전화번호를 모른다.

10 Sam and Jane _____ take a shower in the morning.
Sam과 Jane은 아침에 샤워를 하지 않는다.

11 We _____ eat rice noodles.
우리는 쌀국수를 먹지 않는다.

12 My classmates _____ have breakfast.
내 같은 반 친구들은 아침을 먹지 않는다.

Words

- hospital 병원
- hard 열심히
- need 필요하다
- help 도움
- take a walk 산책하다
- phone number 전화번호
- take a shower 샤워하다
- in the morning 아침에
- rice noodle 쌀국수

2 다음 우리말과 일치하도록 빈칸에 알맞은 말을 쓰세요. (축약형으로 쓰세요.)

정답 및 해설 p.6

01 The girl ___doesn't___ play the piano well.
그 소녀는 피아노 연주를 잘하지 못한다.

02 Jack _____ do his homework.
Jack은 숙제를 하지 않는다.

03 My friend, Jane _____ read books.
나의 친구 Jane은 책을 읽지 않는다.

04 Mike and his brother _____ drink coffee.
Mike와 그의 동생은 커피를 마시지 않는다.

05 They _____ cook well.
그들은 요리를 잘하지 못한다.

06 His friends _____ speak English well.
그의 친구들은 영어를 잘하지 못한다.

07 A dog _____ have wings.
개는 날개가 없다.

08 My father _____ like that movie.
나의 아버지는 저 영화를 좋아하지 않으신다.

09 The women _____ go shopping.
그 여성들은 쇼핑을 하러 가지 않는다.

10 The restaurant _____ have any guests.
그 식당은 손님이 전혀 없다.

11 The animal _____ have teeth.
그 동물은 이빨이 없다.

12 He and I _____ have English classes today.
그와 나는 오늘 영어수업이 없다.

Words

· homework 숙제
· cook 요리하다
· speak 말하다
· wing 날개
· go shopping 쇼핑하러 가다
· guest 손님
· class 수업

Second Step

1 다음 밑줄 친 부분을 바르게 고쳐 쓰세요.

정답 및 해설 p.6

01 I <u>doesn't</u> need water. → _don't_

02 Sam <u>don't</u> speak English well. → _____

03 His father <u>do</u> not come home late. → _____

04 John and Cathy <u>does</u> not enjoy computer games.
                                           → _____

05 We <u>are</u> not go to a shopping mall. → _____

06 Sara <u>are</u> not like my brother. → _____

07 This skirt <u>does</u> not expensive. → _____

08 Jane <u>do</u> not want to be a math teacher. → _____

09 My son <u>do</u> not five years old. → _____

10 The children <u>does</u> not go to school today.
                                           → _____

11 She and I <u>does</u> not drink coffee. → _____

12 We <u>doesn't</u> have any meat. → _____

Words

· need 필요하다
· well 잘
· late 늦게
· enjoy 즐기다
· shopping mall
  쇼핑몰
· expensive 비싼
· math 수학
· today 오늘
· meat 고기

2 다음 밑줄 친 부분을 바르게 고쳐 쓰세요.

정답 및 해설 p.7

01 We <u>doesn't</u> want your help. → ___don't___

02 I <u>doesn't</u> have a cell phone. → _____

03 Her uncle <u>don't</u> eat any meat. → _____

04 She and I <u>do</u> not hungry now. → _____

05 Kevin <u>do</u> not go fishing. → _____

06 My father <u>don't</u> watch TV at night. → _____

07 These cars <u>do</u> not my uncle's. → _____

08 Kevin and his friend <u>doesn't</u> play baseball. → _____

09 My daughters <u>does</u> not like carrots. → _____

10 The man <u>do</u> not my science teacher. → _____

11 Those fruits <u>doesn't</u> have seeds. → _____

12 The women <u>doesn't</u> wear pants. → _____

Words

· help 도움
· meat 고기
· hungry 배고픈
· go fishing 낚시하러 가다
· at night 밤에
· baseball 야구
· carrot 당근
· seed 씨
· pants 바지

Third Step

🍎 다음 문장을 부정문으로 바꾸세요. (축약형으로 쓰세요.)

정답 및 해설 p.7

Words

- close 닫다
- neck 목
- wing 날개
- bake 굽다
- take a walk 산책하다
- sleep 잠자다
- floor 마루, 바닥
- take a shower 샤워하다
- lie 거짓말
- visit 방문하다
- museum 박물관

01 They like apples.

→ _____ They don't like apples. _____

02 Kelly teaches math at school.

→ _____ at school.

03 The shopping mall closes at nine.

→ _____ at nine.

04 The animal has a long neck.

→ _____

05 The bird has big wings.

→ _____

06 Jessica bakes cookies.

→ _____

07 They need my help.

→ _____

08 Sally takes a walk in the morning.

→ _____ in the morning.

09 They sleep on the floor.

→ _____ on the floor.

10 Sam and Tom take a shower in the morning.

→ _____ in the morning.

11 James visits many museums.

→ _____

12 He tells a lie.

→ _____

Writing Step

주어진 단어와 do/does를 이용해 부정문을 완성하세요. (축약형으로 쓰세요.)

01 내 여동생(누나)은 목걸이를 하지 않는다. (a necklace, wear)

→ My sister _____ doesn't wear a necklace _____ .

02 그 학생들은 최선을 다하지 않는다. (do their best)

→ The students _____ .

03 내 동생(형)은 따뜻한 물이 필요하지 않다. (need, warm, water)

→ My brother _____ .

04 그는 차를 천천히 운전하지 않는다. (drive, a car, slowly)

→ He _____ .

05 그들은 시장에서 과일을 팔지 않는다. (fruits, sell, at a market)

→ They _____ .

06 그 도시에는 동물원이 없다. (have, a zoo)

→ The city _____ .

07 Tom과 Jane은 한국음식을 좋아하지 않는다. (Korean food, like)

→ Tom and Jane _____ .

08 그 가게는 초콜릿을 팔지 않는다. (chocolate, sell)

→ The store _____ .

09 그녀와 나는 도서관에서 숙제를 하지 않는다. (do homework, in the library)

→ She and I _____ .

10 그들은 딸이 둘 있지 않다. (daughters, two, have)

→ They _____ .

11 그는 버스로 사무실에 가지 않는다. (go to, the office, by bus)

→ He _____ .

12 내 할머니가 감기에 걸리지 않으셨다. (have a cold)

→ My grandmother _____ .

Words

- necklace 목걸이
- do one's best 최선을 다하다
- warm 따뜻한
- market 시장
- sell 팔다
- library 도서관
- office 사무실
- cold 감기
- have a cold 감기 걸리다

UNIT 02 일반동사의 의문문

일반동사 현재시제가 있는 문장을 의문문으로 만들 때에는 「Do+주어+동사원형 ~?」
이나 「Does+주어+동사원형 ~?」으로 합니다.

❶ 일반동사의 의문문 만들기

주어에 따라 Do 또는 Does가 주어 앞에 오며, 문장 끝에 물음표(?)를 붙입니다.

Do	I / you / we / they / 복수명사	know(동사원형) him?
Does	he / she / it / 단수명사	like(동사원형) pizza?

You know him. → **Do you know** him? 너는 그를 아니?
Sam likes pizza. → **Does Sam like** pizza? Sam은 피자를 좋아하니? (주어가 단수명사)

❷ 일반동사 의문문의 대답

1) 주어가 대명사인 경우

2인칭 단수	Do **you** like animals? 너는 동물을 좋아하니?	Yes, **I** do. 그래, 좋아해. No, **I** don't. 아니, 좋아하지 않아.
3인칭 단수	Does **he/she** like animals? 그는/그녀는 동물을 좋아하니?	Yes, **he/she** does. 그래, 좋아해. No, **he/she** doesn't. 아니, 좋아하지 않아.
2인칭 복수	Do **you** like animals? 여러분은 동물을 좋아하나요?	Yes, **we** do. 네, 좋아해요. No, **we** don't. 아니요, 좋아하지 않아요.
3인칭 복수	Do **they** like animals? 그들은 동물을 좋아하니?	Yes, **they** do. 네, 좋아해요. No, **they** don't. 아니요, 좋아하지 않아요.

> **plus**
> 사물이나 동물은 it으로 표현하며, 복수일 때에는 they로 표현합니다.
> Does your school have a library? 네 학교는 도서관이 있니?
> → Yes, **it** does. / No, **it** doesn't.

2) 주어가 명사인 경우

주어가 여성	Does **your mother** like apples? 네 어머니는 사과를 좋아하시니?	Yes, **she** does. 그래, 좋아하셔. No, **she** doesn't. 아니, 좋아하지 않으셔.
주어가 남성	Does **Sam** like apples? Sam은 사과를 좋아하니?	Yes, **he** does. 그래, 좋아해. No, **he** doesn't. 아니, 좋아하지 않아.
주어가 복수	Do **Sam and Tom** like apples? Sam과 Tom은 사과를 좋아하니?	Yes, **they** do. 그래, 좋아해. No, **they** don't. 아니, 좋아하지 않아.
주어가 대명사+명사	Do **you and Sam** like apples? 너와 Sam은 사과를 좋아하니?	Yes, **we** do. 그래, 좋아해. No, **we** don't. 아니, 좋아하지 않아.

Warm up

● 다음 괄호 안에서 알맞은 말을 고르세요.

정답 및 해설 p.7

01 (Do / Does) you like music?

02 (Do / Does) they go to school?

03 (Do / Does) your sister have a cat?

04 (Do / Does) he have a car?

05 (Do / Does) she and Tom play the piano?

06 (Do / Does) your father wear glasses?

07 (Do / Does) your mom teach English?

08 (Do / Does) your dogs run fast?

09 (Do / Does) the students learn math?

10 (Do / Does) Sam invite you?

11 (Do / Does) they have lunch at noon?

12 (Do / Does) Sara drink milk?

13 (Do / Does) his uncle have a farm?

14 (Do / Does) you get up early?

15 (Do / Does) we have clean water?

Words

· play the piano
  피아노를 연주하다
· invite 초대하다
· at noon 정오에
· farm 농장
· clean 깨끗한

First Step

1 다음 주어진 단어를 이용하여 빈칸에 알맞은 말을 쓰세요.

정답 및 해설 p.8

Words

- **same** 같은, 동일한
- **prepare** 준비하다
- **exam** 시험
- **remember** 기억하다
- **understand** 이해하다
- **question** 질문
- **all day long** 하루 종일
- **nap** 낮잠
- **take a nap** 낮잠 자다

01 _____Do_____ you _____like_____ your dog? (likes)

02 _____ Jenny _____ you? (helps)

03 _____ you and Jane _____ to the same school? (goes)

04 _____ your father _____ sports? (likes)

05 _____ she _____ the dishes? (washes)

06 _____ your cat _____ fish? (eats)

07 _____ your friends _____ in Seoul? (lives)

08 _____ they _____ in Chicago? (stays)

09 _____ your sister _____ for the exam? (prepares)

10 _____ Mary _____ any money? (has)

11 _____ you _____ your friends on Saturday? (meets)

12 _____ you and your sister _____ me? (remembers)

13 _____ the children _____ your question? (understands)

14 _____ the baby _____ all day long? (cries)

15 _____ your mom _____ a nap? (takes)

2 다음 주어진 단어를 이용하여 문장을 완성하세요.

정답 및 해설 p.8

01 Do _____ they have computers _____?
그들은 컴퓨터를 가지고 있니? (have, computers, they)

02 Do _____?
너와 Kelly는 역사를 배우니? (history, learn, you and Kelly)

03 Do _____?
네 부모님은 내 이름을 기억하시니? (remember, your parents, my name)

04 Does _____?
네 선생님은 수학을 가르치시니? (teach, math, your teacher)

05 Do _____?
그들은 서울에 사니? (they, in Seoul, live)

06 Do _____?
네 친구들은 피자를 좋아하니? (like, your friends, pizza)

07 Do Sara and Susie _____?
Sara와 Susie는 매일 아침 조깅을 하니? (every morning, go jogging)

08 Does _____?
네 삼촌은 채소를 재배하시니? (vegetables, your uncle, grow)

09 Do _____?
너는 연주회 보러 가니? (go to, you, the concert)

10 Does _____?
그 동물은 긴 다리를 가지고 있니? (long legs, have, the animal)

11 Do _____?
네 친구들은 일찍 잠을 자니? (go to bed, your friends, early)

12 Does _____?
그녀는 그녀의 아기를 돌보니? (take care of, she, her baby)

Words
- learn 배우다
- history 역사
- remember 기억하다
- live 살다
- jog 조깅하다
- every morning 매일 아침에
- grow 재배하다
- vegetable 야채
- concert 음악회, 연주회
- go to bed 자러 가다
- take care of 돌보다

Second Step

1 다음 빈칸에 알맞은 말을 쓰세요.

정답 및 해설 p.8

Words

- post office 우체국
- cook 요리하다
- dance 춤추다
- learn 배우다
- Japanese 일본어
- beach 해변
- address 주소
- together 함께
- every day 매일

01 Do they like flowers?

→ Yes, _____they do_____.

02 Does your father work at a post office?

→ Yes, _____.

03 Does the shopping mall open at nine?

→ Yes, _____.

04 Does Mike cook dinner?

→ No, _____.

05 Does your sister dance well?

→ No, _____.

06 Do your friends learn Japanese?

→ Yes, _____.

07 Does he want new socks?

→ No, _____.

08 Do you and Kelly go to the beach?

→ Yes, _____.

09 Do you know my address?

→ Yes, _____.

10 Do Sam and Jane have breakfast?

→ No, _____.

11 Do you and Tom have lunch together?

→ No, _____.

12 Does your mom read a book every day?

→ Yes, _____.

② 다음 문장을 의문문으로 바꿔 쓰세요.

정답 및 해설 p.9

Words

01 He wants ice cream.

→ _____ Does he want ice cream? _____

02 They buy many apples.

→ _____

03 The store sells T-shirts.

→ _____

04 His friends exercise every day.

→ _____

05 That animal has long legs.

→ _____

06 She finishes her homework before dinner.

→ _____

07 The park has many trees.

→ _____

08 Jack loves action movies.

→ _____

09 John invites his friends to his birthday party.

→ _____

10 John and Sam know her e-mail address.

→ _____

11 His father comes home at ten.

→ _____

12 They ride bicycles at the park.

→ _____

- ice cream
  아이스크림
- many 많은
- sell 팔다
- exercise 운동하다
- finish 끝내다
- before ~전에
- park 공원
- action movie
  액션영화
- birthday party
  생일파티
- e-mail 이메일
- ride 타다
- bicycle 자전거

Third Step

일반동사 의문문 만들기

다음 잘못된 곳을 바르게 고쳐 다시 쓰세요.

정답 및 해설 p.9

Words

- sports car 스포츠 카
- diary 일기
- grass 풀
- homework 숙제
- clean 청소하다
- visit 방문하다
- sleep 자다
- under ~아래에
- go shopping 쇼핑하러 가다

01 Do you has a sports car?

→ _____Do you have a sports car?_____

02 Do Kelly write a diary every day?

→ _____

03 Do your brother have a yellow bag?

→ _____

04 Does the animals eat grass?

→ _____

05 Do they lives in Seoul?

→ _____

06 Does your friends do their homework?

→ _____

07 Do Sara and Susie cleans the room?

→ _____

08 Does Sally visits her uncle?

→ _____

09 Do your cat sleep under the chair?

→ _____

10 Does Sam and Tom go shopping?

→ _____

11 Does Mike likes this shirt?

→ _____

12 Does you help your mom?

→ _____

Writing Step

주어진 단어와 do/does를 이용해 의문문을 완성하세요. (동사형태를 바꾸세요.)

Words

· camera 카메라
· wear 입다, 쓰다
· glasses 안경
· run 달리다
· Chinese 중국어
· drive 운전하다

01 너는 동물을 좋아하니? (you, likes)

→ _____Do you like_____ animals?

02 그는 학교에 가나요? (he, goes)

→ _____ to school?

03 너의 동생(오빠)은 카메라를 가지고 있니? (your brother, has)

→ _____ a camera?

04 Sam은 아침을 먹니? (Sam, has)

→ _____ breakfast?

05 네 친구들은 야구를 하니? (your friends, plays)

→ _____ baseball?

06 네 아버지는 안경을 쓰시니? (your father, wears)

→ _____ glasses?

07 Jack과 Mike는 빨리 달리니? (Jack and Mike, runs)

→ _____ fast?

08 그 학생들은 중국어를 하니? (the students, speaks)

→ _____ Chinese?

09 너의 부모님은 7시에 저녁식사를 하시니? (your parents, has)

→ _____ dinner at seven?

10 네 언니(여동생)는 책을 읽니? (your sister, reads)

→ _____ books?

11 그녀는 운전을 하니? (she, drives)

→ _____ a car?

12 네 형제들은 일찍 일어나니? (your brothers, get up)

→ _____ early?

Final Step

1 다음 문장을 부정문과 의문문으로 바꿔 쓰세요.

정답 및 해설 p.10

01 He needs my computer.

부정문: _____ He doesn't need my computer. _____

의문문: _____ Does he need my computer? _____

02 The story has a happy ending.

부정문: _____

의문문: _____

03 Sam cooks dinner for his mom.

부정문: _____

의문문: _____

04 They are my toys.

부정문: _____

의문문: _____

05 You eat rice noodles.

부정문: _____

의문문: _____

06 The tree has many leaves.

부정문: _____

의문문: _____

07 She and Sam eat hamburgers for lunch.

부정문: _____

의문문: _____

08 We stay home in the morning.

부정문: _____

의문문: _____

- ending 끝, 결말
- cook 요리하다
- toy 장난감
- rice noodle 쌀국수
- leaf 나뭇잎
- stay 머무르다
- in the morning 아침에

2 다음 보기의 단어를 이용하여 빈칸에 알맞은 말을 쓰세요. (현재형으로 쓰세요.)

정답 및 해설 p.10

> drink wear have help stay Korea like drink black study

01 _____Do_____ you _____drink_____ coffee?

너(너희)는 커피를 마시니?   Yes, _____I(we)_____ _____do_____ .

02 _____ your teachers _____ you?

네 선생님들은 너를 도와주시니?   Yes, _____ _____ .

03 _____ you and your mom _____ glasses?

너와 엄마는 안경을 쓰니?   No, _____ _____ .

04 _____ the house _____ a swimming pool?

그 집은 수영장이 있니?   No, _____ _____ .

05 _____ she _____ seafood?

그녀는 해산물을 좋아하니?   Yes, _____ _____ .

06 _____ your dog _____ ?

너의 개는 검정색이니?   No, _____ _____ .

07 _____ your friends _____ in a library?

네 친구는 도서관에서 공부하니?   No, _____ _____ .

08 _____ those singers _____ at a hotel?

저 가수들은 호텔에서 머무르니?   Yes, _____ _____ .

09 _____ they from _____ ?

그들은 한국에서 왔니?   No, _____ _____ .

10 _____ Jessica _____ orange juice?

Jessica는 오렌지 주스를 마시니?   Yes, _____ _____ .

Words

- drink 마시다
- wear 입다, 쓰다
- swimming pool 수영장
- seafood 해산물
- library 도서관
- singer 가수
- hotel 호텔
- Jessica 여자 이름

Exercise

[1-2] 다음 중 빈칸에 알맞은 말을 고르세요.

 Note

1

_____ don't like pizza.

① My mom　　② Sam　　③ He
④ She　　⑤ They

2

Does _____ drink coffee after dinner?

① I　　② you　　③ he
④ we　　⑤ they

[3-4] 다음 중 보기의 문장을 부정문으로 바르게 바꾼 것을 고르세요.

3

Jessica likes Korean food.

① Jessica not likes Korean food.
② Jessica don't like Korean food.
③ Jessica doesn't likes Korean food.
④ Jessica don't likes Korean food.
⑤ Jessica doesn't like Korean food.

3 Korean food 한국음식

4

The animals have big eyes.

① The animals do not have big eyes.
② The animals does not have big eyes.
③ The animals don't has big eyes.
④ The animals do not has big eyes.
⑤ The animals does not has big eyes.

5 다음 중 질문의 대답으로 맞는 것을 고르세요.

> Do your friends drink milk every day?

① Yes, he does.　　② No, she doesn't.

③ No, they don't.　　④ Yes, it does.

⑤ No, it doesn't.

Note

5 your friends를 대신하는 인칭대명사를 생각하세요.

[6-7] 다음 중 보기의 문장을 의문문으로 바르게 바꾼 것을 고르세요.

6

> Sam needs my help.

① Do Sam need my help?

② Do Sam needs my help?

③ Does Sam need my help?

④ Does Sam needs my help?

⑤ Do Sam needes my help?

6 의문문을 만들 때 주어가 단수인지 복수인지 생각하세요.

7

> The park has many ponds.

① Do the park has many ponds?

② Do the park have many ponds?

③ Does the park have many ponds?

④ Does the park has many ponds?

⑤ Do the park haves many ponds?

7 pond 연못

8 다음 중 답변의 질문으로 맞는 것을 고르세요.

> Yes, we do.

① Do you like music?　　② Do they like music?

③ Does he like music?　　④ Does it like music?

⑤ Does she like music?

8 여기서 you는 2인칭 복수형인 '너희들'입니다.

Exercise

[9-10] 다음 중 빈칸에 알맞지 <u>않은</u> 말을 고르세요.

9

Do _____ like Korean food?

① you   ② they   ③ your parents
④ the girls   ⑤ the boy

10

_____ doesn't want my help.

① You   ② His brother   ③ Your son
④ The girl   ⑤ My mother

[11-12] 다음 중 <u>잘못된</u> 문장을 고르세요.

11
① We don't go to school on Saturdays.
② They need fresh milk.
③ His sisters don't have cats.
④ He don't eat breakfast.
⑤ I don't play the piano.

12
① Do you like summer?
② Does your friends live in the city?
③ Do they wash your car?
④ Does he have money now?
⑤ Do you play the guitar?

13 다음 중 짝지어진 대화가 <u>어색한</u> 것을 고르세요.

① Do you like hamburgers? / No, I don't.
② Does your brother write a diary? / No, she doesn't.
③ Do they have many coins? / Yes, they do.
④ Do you want new dresses? / Yes, we do.
⑤ Do they tell a lie? / Yes, they do.

14 다음 중 빈칸에 들어갈 말로 알맞게 짝지어진 것을 고르세요.

> • _____ you and Ann use dictionaries?
> • The students _____ wear school uniforms.

① Do – don't   ② Does – don't
③ Do – doesn't   ④ Does – doesn't
⑤ Do – aren't

[15-16] 다음 문장을 부정문으로 바꾸세요.

15

> James plays the guitar after school.

→ _____

16

> The students sing well.

→ _____

13 diary 일기
coin 동전

14 dictionary 사전
주어가 단수인지 복수인지
확인하세요.

15 play the guitar
기타를 치다
주어가 3인칭 단수임에 주의
하세요.

16 주어가 3인칭 복수임에 주의
하세요.

미국의 *landmark*
White House

White House 는 미국 워싱턴 D.C. 펜실베이니아 거리에 위치한 미국 대통령의 공식 거처이자 주요 업무장소입니다. 1800년 존 애덤스 대통령 이후로 미국 대통령의 주거지로 이용되어 왔으며, 집무 · 외국사절 접견 · 일상생활 등 모든 일을 여기서 합니다. 백악관에는 모두 130개 이상의 방들이 있습니다. 중심 건물에는 대통령 가족의 숙소와 여러 접견실들이 있으며, 서측 건물에는 대통령 집무실과 각료실, 그리고 기자실이 있습니다. 오랫동안 백악관은 미국의 주요한 명승지가 되어 왔으며, 대중에게 공개된 지역에는 매년 150만 명의 관광객이 방문합니다.

오늘 날, 백악관 단지는 아래와 같이 구성되어 있다.

* 중역거주지 (Executive Residence)
* 웨스트 윙 (West Wing)
* 이스트 윙 (East Wing)
* 아이젠하워 행정동 빌딩
  (Eisenhower Executive Office Building)
* 블레어 하우스
  (Blair House, a guest residence)

Chapter 3

현재진행형

Word Check

☐ ask	☐ audience	☐ build	☐ catch	☐ chat
☐ cross	☐ cut	☐ draw	☐ examine	☐ future
☐ gate	☐ kid	☐ letter	☐ magazine	☐ outside
☐ patient	☐ stage	☐ street	☐ travel	☐ try

UNIT 01 현재진행형 만들기

현재진행형이란 현재 주어가 하고 있는 일을 표현할 때 사용하는 표현으로 '~하는 중이다', '~하고 있다'라는 의미를 가지고 있습니다.

❶ 현재시제와 현재진행형

현재시제는 현재의 습관이나 반복적으로 일어나는 것을 표현하고, 현재진행형은 지금 하고 있는 것을 표현합니다.

I **watch** TV every day. 나는 매일 TV를 본다. – 반복적인 일
I **am watching** TV now. 나는 지금 TV를 보고 있다. – 지금 하고 있는 일

❷ 현재진행형의 형태

현재진행형은 「be동사(am, are, is)+동사원형-ing」 형태로 만듭니다.

She reads a book. → She **is reading** a book. 그녀는 책을 읽고 있다.
They play computer games. → They **are playing** computer games. 그들은 컴퓨터 게임을 하고 있다.

plus**1**
have는 '먹다', '조심하다', '~을 즐기다'라는 의미일 때 진행형을 쓸 수 있으며, 소유의 의미를 나타낼 때에는 진행형을 사용할 수 없습니다.
I have a dog. (O)   I am having a dog. (X)

❸ 동사를 -ing 형태로 만들기

대부분의 동사	동사에 -ing	read → read**ing** go → go**ing**
「자음+e」로 끝나는 동사	동사에서 e를 없애고 -ing	come → com**ing** write → writ**ing** live → liv**ing** have → hav**ing**
「단모음+단자음」으로 끝나는 동사	마지막 자음을 하나 더 붙이고 -ing	cut → cut**ting** run → run**ning** swim → swim**ming** begin → begin**ning** sit → sit**ting** chat → chat**ting**
ie로 끝나는 동사	ie를 y로 고치고 -ing	die → d**ying** lie → l**ying**

* 모음 – a, e, i, o, u(나머지 알파벳은 모두 자음)

plus**2**
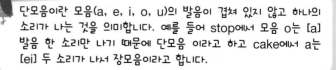
단모음이란 모음(a, e, i, o, u)의 발음이 겹쳐 있지 않고 하나의 소리가 나는 것을 의미합니다. 예를 들어 stop에서 모음 o는 [a] 발음 한 소리만 나기 때문에 단모음 이라고 하고 cake에서 a는 [ei] 두 소리가 나서 장모음이라고 합니다.

Warm up

● 다음 동사를 -ing 형태로 바꿔 쓰세요.

정답 및 해설 p.11

01	clean	cleaning	16	work	
02	study		17	play	
03	run		18	watch	
04	drink		19	teach	
05	walk		20	bake	
06	sing		21	eat	
07	sit		22	drive	
08	die		23	lie	
09	write		24	go	
10	read		25	try	
11	cut		26	speak	
12	listen		27	look	
13	talk		28	begin	
14	help		29	chat	
15	fly		30	come	

 Words · listen 듣다 · cut 자르다 · talk 얘기하다 · fly 날다 · bake 굽다 · lie 눕다, 속이다
· try 노력하다, 시도하다 · look 보다 · chat 얘기하다

First Step

1 다음 우리말과 일치하도록 괄호 안에서 알맞은 말을 고르세요.

정답 및 해설 p.11

 Words

- library 도서관
- newspaper 신문
- homework 숙제
- write 쓰다
- wait 기다리다
- bench 벤치
- every morning 매일 아침(에)
- once 한 번
- sleep 자다

01 Susan (studies / ⟨is studying⟩) in the library now.

Susan은 지금 도서관에서 공부하고 있다.

02 My father (reads / is reading) a newspaper now.

나의 아버지는 지금 신문을 읽고 계시다.

03 We (do / are doing) our homework after school.

우리는 방과 후에 숙제를 한다.

04 She (makes / is making) spaghetti.

그녀는 스파게티를 만들고 있다.

05 She (writes / is writing) his address.

그녀는 그의 주소를 쓰고 있다.

06 They (watch / are watching) TV now.

그들은 지금 TV를 보고 있다.

07 Cathy (washes / is washing) the dishes now.

Cathy는 지금 설거지를 하고 있다.

08 My brother (waits / is waiting) for his friend.

내 남동생은 친구를 기다리고 있는 중이다.

09 Jane (sits / is sitting) on the bench.

Jane이 벤치에 앉아 있다.

10 We (take / are taking) a shower every morning.

우리는 매일 아침 샤워를 한다.

11 He (plays / is playing) soccer once a week.

그는 일주일에 한 번 축구를 한다.

12 She (sleeps / is sleeping) on the bed now.

그녀는 지금 침대에서 잠을 자고 있다.

2 다음 우리말과 일치하도록 괄호 안에서 알맞은 말을 고르세요.

정답 및 해설 p.11

Words

· draw 그리다
· picture 그림
· at noon 정오에
· catch 잡다
· river 강
· ride (탈것에) 타다
· on Sundays
  일요일마다
· by bus 버스로
· every morning
  매일 아침(에)
· over ~위의, 너머

01 They (play / are playing) the piano now.
그들은 지금 피아노를 치고 있다.

02 He (draw / is drawing) pictures now.
그는 지금 그림을 그리고 있다.

03 The students (have / are having) lunch at noon.
그 학생들은 정오에 점심을 먹는다.

04 She (makes / is making) dinner.
그녀는 저녁을 만들고 있다.

05 We (catch / are catching) fish in the river now.
우리는 지금 강에서 낚시를 하고 있다.

06 They (drink / are drinking) water now.
그들은 지금 물을 마시고 있다.

07 Cathy (rides / is riding) a bike on Sundays.
Cathy는 일요일에 자전거를 탄다.

08 My brother (goes / is going) to school by bus.
내 남동생은 버스 타고 학교에 간다.

09 Her baby (sleeps / is sleeping) now.
그녀의 아이가 지금 자고 있다.

10 We (take / are taking) a walk every morning.
우리는 매일 아침 산책한다.

11 It (rains / is raining) now.
지금 비가 오고 있다.

12 Birds (fly / are flying) over the tree.
새들이 나무 위로 날아가고 있다.

Second Step

1 다음 주어진 동사를 이용하여 현재진행형 문장으로 완성하세요.

정답 및 해설 p.11

01 I _____am doing_____ homework now. (do)

02 She _____ a song on the stage now. (sing)

03 We _____ to the school. (run)

04 I _____ a shower. (take)

05 He _____ for a train. (wait)

06 Jessica _____ an e-mail. (write)

07 David and John _____ a walk together. (take)

08 My father _____ on the bed. (sleep)

09 Kevin _____ milk now. (drink)

10 We _____ in the pool. (swim)

11 She _____ her cousin. (visit)

12 Ted _____ on the phone. (talk)

13 My father _____ a car now. (park)

14 Jim _____ to the audience. (speak)

15 She _____ a question of him. (ask)

Words

· song 노래
· stage 무대
· now 지금
· take a shower
  샤워하다
· e-mail 이메일
· together 함께
· sleep 잠자다
· pool 수영장
· visit 방문하다
· cousin 사촌
· on the phone
  전화로
· park 주차하다
· question 질문
· audience
  청중, 관객
· ask 묻다
· question 질문

2 주어진 동사를 이용하여 현재진행형 문장으로 완성하세요.

정답 및 해설 p.12

01 I ____am studying____ English now. (study)

02 She _____ the dishes now. (wash)

03 They _____ fish now. (sell)

04 My father _____ a car. (drive)

05 He _____ pizza. (eat)

06 My parents _____ books in the living room. (read)

07 She and I _____ hats. (wear)

08 My father _____ fish in the river. (catch)

09 Jackson _____ the violin now. (practice)

10 We _____ boxes. (move)

11 She and I _____ a sandcastle. (build)

12 My friends _____ a baseball game. (watch)

13 They _____ black jackets. (buy)

14 The workers _____ now. (take a rest)

15 My mom _____ the window. (look at)

Words

· sell 팔다
· wear 입다, 걸치다
· catch 잡다
· river 강
· practice 연습하다
· move
  움직이다, 옮기다
· build 만들다
· sandcastle
  모래성
· take a rest 쉬다
· look at ~을 보다

Third Step

🍎 **다음 문장을 해석하세요.**

정답 및 해설 p.12

01 He is reading a book.

→ 그는 _____ 책을 읽고 있다 _____ .

02 A man is sitting on the sofa.

→ 한 남자가 소파에 _____ .

03 We are taking a walk now.

→ 우리는 지금 _____ .

04 They go to the museum every day.

→ 그들은 매일 _____ .

05 I am having a great time with my friends.

→ 나는 친구들과 멋진 시간을 _____ .

06 The singers are singing in front of the people.

→ 그 가수들은 사람들 앞에서 _____ .

07 His baby is sleeping on the bed.

→ 그의 아기는 _____ .

08 I like baseball very much.

→ 나는 야구를 매우 많이 _____ .

09 John is playing a computer game now.

→ John은 지금 _____ .

10 My friends are eating dinner at a restaurant.

→ 나의 친구들은 식당에서 _____ .

11 Sam is reading a newspaper.

→ Sam은 _____ .

12 Those kids are washing their faces.

→ 저 아이들을 _____ .

Words

- sit 앉다
- museum 박물관, 미술관
- have 경험하다, 즐기다
- great 멋진, 위대한
- time 시간
- in front of ~앞에서
- sleep 잠을 자다
- very much 매우 많이
- restaurant 식당
- newspaper 신문
- kid 아이

Writing Step

🍎 **주어진 단어를 이용하여 현재진행형 문장으로 완성하세요.**

정답 및 해설 p.12

Words

- a glass of ~한 잔
- brush 닦다
- fly 날다
- library 도서관
- take a nap 낮잠 자다
- chat 이야기 하다
- magazine 잡지
- bake 굽다
- clean 청소하다

01 나는 내 컴퓨터를 사용하고 있다. (computer, be, my, use)

→ I _____ am using my computer _____ .

02 그녀는 오렌지주스를 마시고 있다. (drink, be, orange juice)

→ She _____ .

03 John은 이를 닦고 있다. (brush, be, teeth, his)

→ John _____ .

04 Jake는 소파에 앉아 있다. (sit, be, on the sofa)

→ Jake _____ .

05 한 마리 새가 하늘을 날고 있다. (fly, be, in the sky)

→ A bird _____ .

06 우리는 도서관으로 걸어가고 있다. (walk to, be, the library)

→ We _____ .

07 그는 낮잠을 자고 있다. (a nap, be, take)

→ He _____ .

08 그녀는 친구들과 이야기 하고 있다. (chat, be, her friends, with)

→ She _____ .

09 내 사촌은 잡지를 읽고 있다. (read, a magazine, be)

→ My cousin _____ .

10 엄마는 약간의 쿠키를 굽고 계시다. (cookies, be, bake, some)

→ My mom _____ .

11 여동생은 집을 청소 중이다. (be, clean, the house)

→ My sister _____ .

12 Ted는 안경을 쓰고 있다. (glasses, wear, be)

→ Ted _____ .

UNIT 02 현재진행형의 부정문과 의문문

현재진행형의 부정문은 현재 주어가 하고 있지 않은 일을 말할 때 사용하는 표현이며,
현재진행형의 의문문은 주어가 현재 무엇을 하고 있는지 알고 싶을 때 사용합니다.

1 현재진행형의 부정문

현재진행형의 부정문은 '~하고 있지 않다', '~하고 있는 중이 아니다'라는 의미로 be동사(am, are, is) 뒤에
not을 씁니다.

am/is/are+not+동사 원형 -ing	I **am reading** a book.	→ I **am not reading** a book. → I**'m not reading** a book.
	He **is watching** TV.	→ He **is not watching** TV. → He **isn't watching** TV. → He**'s not watching** TV.
	They **are playing** soccer.	→ They **are not playing** soccer. → They **aren't playing** soccer. → They**'re not playing** soccer.

*is not은 isn't로, are not은 aren't로 축약할 수
있으나 am not은 축약할 수 없습니다.

plus 1

인칭대명사와 be동사 축약형
I am = I'm / You are = You're / They are = They're /
He is = He's / She is = She's / It is = It's

2 현재진행형의 의문문

현재진행형의 의문문은 '~하고 있니?'라는 의미로 be동사를 주어 앞으로 보내고 문장 끝에 물음표를 붙여 의
문문을 만듭니다.

| Am/Is/Are+주어+
동사원형 -ing ~? | **Is she reading** a book? 그녀는 책을 읽고 있니?
Are they reading books? 그들은 책을 읽고 있니? |

3 현재진행형 의문문의 대답: be동사로 시작하기 때문에 대답도 be동사를 이용합니다.

Are you **having** dinner? 너는 저녁을 먹고 있니?	Yes, I am. / No, I'm not.
Are you **having** dinner? 너희들은 저녁을 먹고 있니?	Yes, we are. / No, we aren't.
Are the boys **playing** soccer? 그 소년들은 축구를 하고 있니?	Yes, they are. / No, they aren't.

plus 2

아래 동사들은 진행형을 만들 수 없습니다.

| 감정을 나타내는 동사 - love, like, hate 등 | 소유를 나타내는 동사 - have, want, need 등 |
| 인식을 나타내는 동사 - know, forget 등 | 감각을 나타내는 동사 - feel, see, hear 등 |

예외: have가 '먹다', '경험하다'라는 의미일 때에는 진행형을 쓸 수 있습니다.
I am having a book. (x)　　**I am having** lunch. (o)　　**I'm having** a good time. (o)

Warm up

1 다음 현재진행형을 만들 수 없는 동사를 고르세요.

정답 및 해설 p.12

eat	(love)	take	sell	call
learn	hear	write	study	teach
bake	know	like	see	hate
read	have (가지다)	go	come	cook
drink	want	buy	sit	wash
run	need	visit	walk	do

Words

· call 부르다
· bake 굽다
· hate 싫어하다
· cook 요리하다
· need 필요하다
· strawberry 딸기
· spaghetti 스파게티

2 다음 괄호 안에서 알맞은 말을 고르세요.

01 Susan (knows / is knowing) my uncle.

02 My father (needs / is needing) some water.

03 We (want / are wanting) strawberries.

04 She (likes / is liking) spaghetti.

05 I (love / is loving) my parents.

06 We (hate / are hating) them.

First Step

1 다음 우리말과 일치하도록 괄호 안에서 알맞은 말을 고르세요.

정답 및 해설 p.13

 **Words**

- rain 비 오다
- outside 밖에
- stand 서 있다
- under ~아래에
- paint 색칠하다
- wall 벽
- market 시장
- on Saturdays 토요일마다
- shoe 신발

01 (Does / (Is)) Susan (clean / (cleaning)) her room now?
Susan은 지금 그녀의 방을 청소하고 있니?

02 (Do / Are) you (read / reading) a book now?
너는 지금 책을 읽고 있니?

03 (Does / Is) it (rain / raining) outside?
밖에 비가 오고 있니?

04 (Does / Is) she (stand / standing) under the tree?
그녀는 나무 아래 서 있니?

05 (Do / Are) you (take / taking) a walk in the morning?
너는 아침에 산책하니?

06 (Does / Is) your father (paint / painting) the wall now?
너의 아버지는 지금 벽을 칠하고 계시니?

07 (Do / Are) you (love / loving) me?
너는 나를 사랑하니?

08 (Do / Are) you (go / going) to the market every day?
너는 매일 시장에 가니?

09 (Does / Is) Jane (play / playing) the piano every day?
Jane은 매일 피아노를 치니?

10 (Do / Is) you (go / going) to school on Saturdays?
너는 토요일마다 학교에 가니?

11 (Do / Are) they (drink / drinking) coffee now?
그들은 지금 커피를 마시고 있니?

12 (Does / Is) she (wear / wearing) my shoes?
그녀가 내 신발을 신고 있니?

2 다음 주어진 말을 이용해서 현재진행형 의문문으로 완성하세요.

정답 및 해설 p.13

Words

- pool 수영장
- wait 기다리다
- taxi 택시
- picture 사진
- take a picture 사진을 찍다
- practice 연습하다
- talk 얘기하다
- about ~에 대해
- cross 건너다
- street 거리
- stage 무대
- carrot 당근

01 _____Is_____ he ___swimming___ in the pool? (swim)

02 _____ you _____ for a taxi now? (wait)

03 _____ Sam _____ for the exam? (prepare)

04 _____ your sister _____ dinner now? (have)

05 _____ they _____ pictures? (take)

06 _____ you and Tom _____ basketball? (practice)

07 _____ they _____ a good time now? (have)

08 _____ he _____ about computer games? (talk)

09 _____ James _____ his father now? (help)

10 _____ your mom _____ glasses now? (wear)

11 _____ she _____ to her mom? (run)

12 _____ your children _____ the street now? (cross)

13 _____ her friends _____ a song? (sing)

14 _____ Jane _____ on the stage? (dance)

15 _____ your mom _____ the carrots? (cut)

Second Step

1 다음 문장을 현재진행형의 부정문으로 바꿔 쓰세요.

정답 및 해설 p.13

01 He is watching TV.

→ ___He is not watching TV.___

02 Kevin is doing his homework.

→ _____

03 She and I are listening to music.

→ _____

04 David is washing his hands.

→ _____

05 They are standing in front of the gate.

→ _____

06 She is taking care of her children now.

→ _____

07 The farmers are taking a rest.

→ _____

08 I am saving money for the future.

→ _____

09 His friend is writing a letter now.

→ _____

10 They are using a copy machine.

→ _____

11 Tom is dancing on the stage.

→ _____

12 I am going to the shopping mall.

→ _____

Words

· watch 보다
· listen to ~을 듣다
· wash 닦다
· in front of ~앞에
· gate 문
· take care of ~을 돌보다
· take a rest 휴식하다
· save 저금하다
· future 미래
· letter 편지
· copy machine 복사기
· e-mail 이메일

2 다음 주어진 단어를 이용해서 현재진행형 부정문으로 완성하세요.

정답 및 해설 p.13

01 Maria _____is not playing_____ computer games. (play)

02 It _____ now. (snow)

03 My friends _____ in the playground. (exercise)

04 My sister _____ in her room. (cry)

05 They _____ to the radio now. (listen)

06 The fisherman _____ fish in the river. (catch)

07 I _____ about the future. (think)

08 Susan _____ dinner now. (have)

09 My father _____ a car. (drive)

10 He _____ at me. (smile)

11 She _____ a letter. (write)

12 Maria _____ for the test. (study)

13 Jane _____ a shower now. (take)

14 He _____ a picture. (draw)

15 Jack _____ a book now. (read)

Words

· snow 눈 오다
· exercise 운동하다
· playground 운동장
· listen to ~을 듣다
· catch 잡다
· river 강
· future 미래
· with ~와 함께
· smile 웃다
· test 시험
· draw 그리다
· picture 그림

Third Step

🍎 보기의 단어들을 이용하여 빈칸에 알맞은 말을 쓰세요.

정답 및 해설 p.14

> wash go sit examine stay fly snow make stand buy

Words

· wash 닦다
· sit 앉다
· examine
  진찰하다, 조사하다
· patient 환자
· fly 날다
· over 위로, 너머
· stand 서 있다
· outside 밖에
· buy 사다
· beach 해변
· stay 머물다

01 _____Is_____ she ___washing___ the dishes?
그녀는 설거지를 하고 있니?

02 _____ your father _____ on the bench now?
네 아버지가 지금 벤치에 앉아 계시니?

03 _____ the doctor _____ a patient?
그 의사가 환자를 진찰하고 있니?

04 _____ birds _____ over the trees?
새들이 나무들 위로 날아가고 있니?

05 She _____ dinner now.
그녀는 지금 저녁식사를 만들고 있지 않다.

06 Jina _____ on the bed now.
Jina는 지금 침대 위에 서 있다.

07 _____ it _____ outside?
밖에 눈이 내리고 있니?

08 He _____ some flowers for his wife.
그는 부인을 위해 꽃을 좀 사고 있다.

09 _____ they _____ to the beach now?
그들은 지금 해변에 가고 있니?

10 I _____ at home now.
나는 지금 집에 머물고 있지 않다.

Writing Step

주어진 단어를 이용하여 문장을 완성하세요. (단어를 추가하거나 변경하세요.)

정답 및 해설 p.14

Words

- newspaper 신문
- sleep 자다
- tourist 관광객
- wait for ~을 기다리다
- taxi 택시
- cut 자르다

01 그 학생들은 지금 영어공부를 하고 있지 않다. (English, study)

→ The students _____ are not studying English _____ .

02 Jane은 지금 자전거를 타고 있지 않다. (ride, a bike)

→ Jane _____ now.

03 네 아빠는 신문을 보고 계시니? (read, a newspaper, your father)

→ Is _____ ?

04 Susan은 지금 자기 침대에서 자고 있지 않다. (sleep, on her bed)

→ Susan _____ now.

05 Tim은 지금 오렌지를 먹고 있니? (oranges, eat, Tim)

→ Is _____ right now?

06 그들은 숙제를 하고 있니? (their homework, do, they)

→ Are _____ ?

07 엄마는 부엌을 청소하고 있지 않으시다. (the kitchen, clean)

→ My mom _____ .

08 그 관광객들은 서울에 머물고 있지 않다. (stay, in Seoul)

→ The tourists _____ .

09 너의 부모님은 산책 중이시니? (a walk, take, your parents)

→ Are _____ ?

10 그녀는 친구들을 만나고 있지 않다. (meet, her friends)

→ She _____ .

11 그들은 택시를 기다리고 있니? (wait for, a taxi, they)

→ Are _____ ?

12 삼촌은 나무를 자르고 있지 않다. (cut, trees)

→ My uncle _____ .

Final Step

1 다음 문장에서 잘못된 것을 바르게 고쳐 쓰세요.

정답 및 해설 p.14

Words

- park 공원
- know 알다
- hamburger 햄버거
- history 역사
- practice 연습하다
- future 미래
- travel 여행하다
- Europe 유럽

01 I going to the park now. 나는 지금 공원에 가는 중이다.

→ _____I'm going to the park now._____

02 I am knowing you. 나는 너를 알고 있다.

→ _____

03 We are wanting new shoes. 우리는 새 신발을 원한다.

→ _____

04 It is rain now. 지금 비가 내리고 있다.

→ _____

05 Are you having many friends? 너는 친구가 많이 있니?

→ _____

06 I don't eating a hamburger now. 나는 지금 햄버거를 먹고 있지 않다.

→ _____

07 We are not study history now. 우리는 지금 역사를 공부하고 있지 않다.

→ _____

08 They are practicing baseball every day. 그들은 매일 야구연습을 한다.

→ _____

09 Jack are talking about the future. Jack은 미래에 대해 얘기하고 있다.

→ _____

10 Gina and I am traveling in Europe. Gina와 나는 유럽 여행 중이다.

→ _____

11 I am have a great time in Seoul. 나는 서울에서 즐거운 시간을 보내는 중이다.

→ _____

12 She is liking animals. 그녀는 동물을 좋아한다.

→ _____

2 다음 문장을 지시대로 바꿔 쓰세요.

정답 및 해설 p.14

01 She is drinking milk.

의문문 _____ Is she drinking milk? _____

02 The girl is walking in the rain.

의문문 _____

03 He is taking a nap in the room.

부정문 _____

04 She has many apples.

의문문 _____

05 I know his father.

부정문 _____

06 They are waiting for their mom.

의문문 _____

07 She is opening the door.

의문문 _____

08 Tom and John are taking a rest.

부정문 _____

09 She is drinking cold water.

의문문 _____

10 The animal is drinking water.

의문문 _____

11 Sally is looking for her glasses.

부정문 _____

12 They are talking about the exam results.

의문문 _____

Words

- take a nap
  낮잠을 자다
- wait for
  ~을 기다리다
- open 열다
- take a rest
  휴식하다
- cold 차가운, 추운
- cute 귀여운
- look for ~을 찾다
- glasses 안경
- exam 시험
- result 결과

Exercise

[1-2] 다음 중 현재진행형이 <u>잘못된</u> 것을 고르세요.

 Note

1   ① go – going
      ② bake – baking
      ③ lie – lying
      ④ read – reading
      ⑤ swim – swiming

1-2
「단모음+단자음」으로 끝나는 동
사는 자음을 하나 더 붙입니다.

2   ① eat – eating
      ② listen – listening
      ③ clean – cleaning
      ④ sit – siting
      ⑤ begin – beginning

[3-4] 다음 중 <u>잘못된</u> 문장을 고르세요.

3   ① They are doing homework.
      ② The boys are playing tennis.
      ③ She not is reading a book.
      ④ Sam is taking a shower.
      ⑤ Jane is sitting on the bench.

3 do homework 숙제하다

4   ① We are swimming in the pool.
      ② They are liking oranges.
      ③ My brother is sleeping on the sofa.
      ④ The students are dancing on the floor.
      ⑤ My father is waiting for us.

4 현재진행형을 만들 수 없는 동
사를 생각해보세요.

5 다음 중 빈칸에 알맞은 말을 고르세요.

> She and I are _____ a baseball game.

① having   ② loving   ③ hating

④ needing   ⑤ watching

5 현재진행형을 만들 수 없는 동사를 생각해보세요.

[6–7] 다음 중 빈칸에 공통으로 들어갈 말을 고르세요.

6

> • Sam and I are _____ in the library.
> • She is _____ English now.

① making   ② studying   ③ sleeping

④ buying   ⑤ cooking

6 library 도서관

7

> • She and I are _____ a walk now.
> • Jack is _____ a rest.

① taking   ② playing   ③ going

④ helping   ⑤ reading

7 take a walk 산책하다
take a rest 쉬다

8 다음 중 대화의 빈칸에 알맞은 말을 고르세요.

> A: Are you listening to music?
> B: _____

① No, they are.   ② Yes, you are.

③ Yes, they are.   ④ No, she is.

⑤ Yes, we are.

8 you의 복수형을 생각하세요.

Exercise

[9-10] 다음 중 짝지어진 대화가 <u>어색한</u> 것을 고르세요.

9
① A: Is she playing the piano?
　 B: Yes, she is.
② A: Are they making cookies?
　 B: No, they're not.
③ A: Is Sam doing homework?
　 B: No, he is.
④ A: Are the girls sitting on the bench?
　 B: Yes, they are.
⑤ A: Are they taking pictures?
　 B: No, they're not.

10
① A: Is your father eating dinner?
　 B: Yes, he is.
② A: Is your uncle fixing the door?
　 B: No, he isn't.
③ A: Is Jack teaching English?
　 B: Yes, he is.
④ A: Is the kite flying in the sky?
　 B: Yes, he is.
⑤ A: Is he waiting for a bus?
　 B: No, he isn't.

11 다음 중 빈칸에 알맞은 말을 고르세요.

> She is singing on the stage ＿＿＿＿＿＿.

① yesterday　　② last night　　③ now
④ before　　⑤ ago

12 다음 중 우리말을 영어로 올바르게 쓴 것을 고르세요.

> 나의 아버지는 지금 자동차를 운전하고 계시다.

① My father drives a car.
② My father is driving a car now.
③ My father driving a car now.
④ My father is not driving a car now.
⑤ My father drive a car now.

13 다음 문장을 의문문으로 바꿔 쓰세요.

> The girl is washing the clothes.

→ _____

13 clothes 옷

14 다음 문장을 부정문으로 바꿔 쓰세요.

> James is having dinner at the restaurant.

→ _____

14 at the restaurant 식당에서
have가 '먹다'라는 의미일 때
에는 진행형이 가능합니다.

[15-16] 다음 우리말을 영어로 쓰세요.

15

> 나는 지금 영화를 보고 있다. (watch)

→ I _____ _____ the movie now.

15-16
현재진행형은 「be동사+-ing」
형태로 나타내고, '~하는 중이
다'라는 의미입니다.

16

> 그는 지금 Sam을 만나고 있다. (meet)

→ He _____ _____ Sam now.

Take a break!

병원에서 사용하는 표현

아프다고 말할 때에는 have를 사용합니다.

I have a fever.
열이 있어요.

I have a cold.
감기에 걸렸어요.

I have a bad headache.
두통이 심해요.

I have a backache.
등이 아파요.

I have a stomachache.
배가 아파요.

I have diarrhea.
설사를 해요.

I have a toothache.
이가 아파요.

I have an earache.
귀가 아파요.

I have a bloody nose.
코피가 나요.

I have a runny nose.
콧물이 나요.

I have no appetite.
식욕이 없어요.

Chapter 4

형용사

☐ apartment	☐ bitter	☐ comfortable	☐ cool	☐ dangerous
☐ diligent	☐ dry	☐ enough	☐ friendly	☐ heavy
☐ invention	☐ sharp	☐ sick	☐ special	☐ strange
☐ subject	☐ thick	☐ thirsty	☐ wet	☐ wise

UNIT 01 형용사의 종류 및 역할

형용사란 사람이나 사물의 성질과 상태를 나타내는 말로 명사를 꾸며주거나 주어를 보충 설명하는 역할을 합니다.

1 형용사의 종류

상태/성질을 나타내는 형용사	beautiful, ugly, fresh, sad, happy, new, old, pretty, nice, good, dirty, wonderful 등
날씨를 나타내는 형용사	sunny, rainy, hot, cool, windy, warm, cloudy 등
크기를 나타내는 형용사	big, large, small, tall, short 등
수를 나타내는 형용사	one, two, three, first, second 등
색깔을 나타내는 형용사	yellow, black, white, red 등
맛을 나타내는 형용사	salty, sweet, hot, bitter, delicious 등

 plus 1

명사에 ly를 붙이면 형용사가 되는 경우
love → lovely 사랑스러운   friend → friendly 다정한

2 주어를 보충 설명하는 역할

형용사는 be동사 다음에 와서 주어를 보충 설명하는 역할을 하며 '~하다'라고 해석합니다.

happy - 행복한	⇨ be + happy 행복하다	She **is happy**. 그녀는 행복하다.
tired - 피곤한	⇨ be + tired 피곤하다	Tom **is tired**. Tom은 피곤하다.
small - 작은	⇨ be + small 작다	It **is small**. 그것은 작다.
beautiful - 아름다운	⇨ be + beautiful 아름답다	She **is beautiful**. 그녀는 아름답다.
sunny - 화창한	⇨ be + sunny 화창하다	It **is sunny** today. 오늘은 날씨가 화창하다.
yellow - 노란색의	⇨ be + yellow 노란색이다	Its color **is yellow**. 그것의 색은 노란색이다.

 plus 2

형용사가 be동사 다음 혼자 와서 주어를 보충설명하는
역할을 할 때에는 관사와 함께 올 수 없다.
She is a happy. (x)   It is the large. (x)

 • tired 피곤한

Warm up

정답 및 해설 p.15

● 다음 빈칸에 형용사의 뜻을 쓰세요.

01	beautiful	아름다운
02	fresh	
03	sad	
04	ugly	
05	new	
06	old	
07	pretty	
08	nice	
09	dirty	
10	clean	깨끗한
11	sunny	
12	rainy	
13	hot	
14	cool	
15	windy	

16	warm	
17	large	
18	tall	
19	short	
20	wonderful	
21	second	
22	first	첫 번째의
23	good	
24	red	
25	black	
26	salty	
27	sweet	
28	bitter	
29	delicious	맛있는
30	cloudy	

First Step

형용사의 기본 쓰임 확인하기

1 다음 문장에서 형용사를 고르세요.

정답 및 해설 p.15

 Words

- bike 자전거
- honest 정직한
- delicious 맛있는
- hot 뜨거운
- cheap 싼
- clothes 옷
- sunny 맑은
- angry 화난
- cute 귀여운
- cloudy 흐린

01   This is my (new) bike.

02   They are honest students.

03   We know the three boys.

04   The cookies are very delicious.

05   The beautiful girl is my sister.

06   He is tall.

07   She needs a small bag.

08   I want hot coffee.

09   My mom buys cheap clothes.

10   That machine is very old.

11   It's sunny today.

12   My parents are angry now.

13   The babies are very cute.

14   It is a long train.

15   It's cloudy now.

2 다음 괄호 안에서 알맞은 말을 고르세요.

정답 및 해설 p.16

- soup 수프
- tired 피곤한
- cool 멋진
- diligent 근면한
- boring 지루한
- ugly 못생긴
- salty 짠
- dangerous 위험한
- invention 발명품

01 Those cars are (old / (new)).

저 자동차들은 새것이다.

02 The soup is (cold / cloudy).

그 수프는 차갑다.

03 The chocolate is (wonderful / sweet).

그 초콜릿은 달콤하다.

04 They are very (tired / bad).

그들은 매우 피곤하다.

05 His mom is very (tall / cool).

그의 엄마는 키가 크시다.

06 Jack is very (diligent / lazy).

Jack은 매우 게으르다.

07 She wants a (large / small) car.

그녀는 작은 자동차를 원한다.

08 The water is (warm / cold).

그 물은 따뜻하다.

09 The movie is (interesting / boring).

그 영화는 지루하다.

10 Her dogs are (cute / ugly).

그녀의 개들은 못생겼다.

11 The food is not (salty / fresh).

그 음식은 짜지 않다.

12 His new invention is (wonderful / dangerous).

그의 새로운 발명품은 훌륭하다.

Second Step

1 다음 보기의 단어를 이용하여 빈칸에 알맞은 말을 쓰세요.

정답 및 해설 p.16

windy	poor	short	salty	cloudy
high	easy	hot	heavy	delicious

 **Words**

- windy 바람이 부는
- mountain 산
- final exam 기말고사
- delicious 맛있는
- hot 뜨거운
- heavy 무거운

01 It's _____ windy _____ today.

오늘은 바람이 분다.

02 Susan's hair is _____.

Susan은 머리카락이 짧다.

03 The mountain is so _____.

그 산은 매우 높다.

04 The spaghetti is too _____.

그 스파게티는 너무 짜다.

05 The final exams are not _____.

기말고사는 쉽지 않다.

06 My uncle is not _____.

내 삼촌은 가난하지 않다.

07 The cheese cake is _____.

그 치즈 케이크는 맛있다.

08 The coffee is too _____.

그 커피는 너무 뜨겁다.

09 It's _____ today.

오늘은 흐리다.

10 These boxes are very _____.

이 상자들은 매우 무겁다.

2 다음 보기의 단어를 이용하여 빈칸에 알맞은 말을 쓰세요.

정답 및 해설 p.16

cold	rainy	boring	dirty	kind
rich	bitter	thirsty	hungry	sick

- coat 코트
- clean 청소하다
- dirty 더러운
- rich 부자인, 부유한
- sugar 설탕
- bitter 쓴
- thirsty 목이 마른
- hospital 병원
- sick 아픈
- umbrella 우산
- loaf 덩어리

01 I need a coat. → It's ___cold___ today.

나는 코트가 필요하다.

02 I don't like this book. → It's very _____.

나는 이 책을 좋아하지 않는다.

03 Sam doesn't clean his room. → His room is _____.

Sam은 그의 방을 청소하지 않는다.

04 My uncle has a lot of money. → He is _____.

내 삼촌은 돈이 무척 많다.

05 I need sugar. → The coffee is _____.

나는 설탕이 필요하다.

06 I want a glass of water. → I'm _____.

나는 물 한 잔을 원한다.

07 My brother is in hospital. → He is _____.

내 동생은 병원에 입원해 있다.

08 My teacher always helps me. → She is very _____.

내 선생님은 항상 나를 도와주신다.

09 I need an umbrella. → It's _____ now.

나는 우산이 필요하다.

10 Jack wants two loaves of bread. → He is _____ now.

Jack은 빵 두 덩어리를 원한다.

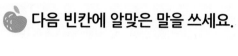 # Third Step 형용사 문장 만들기

🍎 **다음 빈칸에 알맞은 말을 쓰세요.**

정답 및 해설 p.16

 **Words**

- skirt 치마
- too 너무
- short 짧은
- popular 인기 있는
- dangerous 위험한
- diligent 부지런한
- kind 친절한
- lovely 사랑스러운

01 Mike is _____happy_____ .

Mike는 행복하다.

02 Her skirt is too _____ .

그녀의 치마가 너무 짧다.

03 It's _____ today.

오늘은 날씨가 흐리다.

04 This water is _____ .

이 물은 깨끗하다.

05 This coat is too _____ for me.

이 코트는 나에게 너무 작다.

06 My father is _____ now.

아버지는 지금 바쁘시다.

07 The songs are _____ .

그 노래들은 인기가 있다.

08 This old building is _____ .

이 오래된 건물은 위험하다.

09 Sally is _____ and kind.

Sally는 부지런하고 친절하다.

10 She and I wear _____ socks.

그녀와 나는 흰 양말을 신는다.

11 My sister is very _____ .

여동생은 매우 사랑스럽다.

12 His new movie is so _____ .

그의 새 영화는 매우 슬프다.

Writing Step

🍎 주어진 단어를 이용하여 문장을 완성하세요. (단어를 추가하거나 변경하세요.)

Words

- safe 안전한
- river 강
- expensive 비싼
- cheap 저렴한
- interesting 재미있는
- sleepy 졸린
- busy 바쁜
- kind 친절한

01 Mike는 키가 크지 않다. (tall, be)

→ Mike _____ is not tall _____ .

02 오늘은 날씨가 맑지 않다. (sunny, be, today)

→ It _____ .

03 그 도시는 안전하지 않다. (safe, be)

→ The city _____ .

04 그 강은 깨끗하지 않다. (clean, be)

→ The river _____ .

05 Mike의 집은 매우 아름답다. (very, be, beautiful)

→ Mike's house _____ .

06 저 소파들은 너무 비싸다. (be, too, expensive)

→ Those sofas _____ .

07 저 자동차는 저렴하지 않다. (be, cheap)

→ That car _____ .

08 그 영화는 매우 재미있다. (interesting, be, very)

→ The movie _____ .

09 그는 지금 매우 피곤하니? (very tired, be, now)

→ _____ he _____ ?

10 Tom and Sam은 지금 졸리다. (sleepy, be, now)

→ Tom and Sam _____ .

11 Jack과 나는 지금 바쁘지 않다. (busy, be, now)

→ Jack and I _____ .

12 Sally는 너에게 친절하니? (kind, be, to you)

→ _____ Sally _____ ?

UNIT 02 반대의 뜻을 가진 형용사와 역할

형용사는 명사를 수식하는 역할을 합니다.
He is a **great** scientist. (명사를 꾸밈)

❶ 반대의 뜻을 가진 형용사

big 큰 ↔ small 작은	diligent 부지런한 ↔ lazy 게으른	heavy 무거운 ↔ light 가벼운
clean 깨끗한 ↔ dirty 더러운	strong 강한 ↔ weak 약한	easy 쉬운 ↔ difficult 어려운
high 높은 ↔ low 낮은	cheap 저렴한 ↔ expensive 값비싼	fast 빠른 ↔ slow 느린
rich 부유한 ↔ poor 가난한	hot 뜨거운 ↔ cold 차가운	good 좋은 ↔ bad 나쁜
long 긴 ↔ short 짧은	new 새로운 ↔ old 오래된	happy 행복한 ↔ unhappy 불행한
boring 지루한 ↔ interesting 흥미로운	thick 두꺼운 ↔ thin 얇은	wrong 틀린 ↔ right 옳은

plus 1
형용사가 명사 앞에 여러 개 나올 때는 수량형용사가 먼저 나오고, 다음에 크기를 나타내는 형용사, 색상을 나타내는 형용사 순으로 위치합니다.
ex. **three big yellow** desks 3개의 큰 노란 책상들

❷ 명사를 수식하는 역할

형용사는 주로 명사 앞에 나와 명사를 꾸며주는 역할을 합니다.

관사와 함께	관사+형용사+명사 (명사가 복수일 때 a/an은 붙이지 않습니다.)	He has **a beautiful house**. 아름다운 집 Look at **the strong man**. 그 강한 남자 **The beautiful flowers** are mine. 그 아름다운 꽃들 I have many **beautiful flowers**. 아름다운 꽃들
소유격과 함께	소유격+형용사+명사	This is **my beautiful daughter**. 내 아름다운 딸 It is **his new car**. 그의 새 자동차
부사와 함께	관사+부사+형용사+명사 (명사가 복수일 때 a/an은 붙이지 않습니다.)	She is **a very beautiful girl**. 매우 아름다운 소녀 They are **very good students**. 매우 좋은 학생들
this(these)/ that(those)와 함께	this/that+형용사+명사 (관사와 함께 쓰지 않습니다.)	**This good car** is mine. 이 좋은 차 I want **these beautiful flowers**. 이 아름다운 꽃들

*부사는 형용사를 꾸며주면서 형용사의 의미를 좀 더 자세히 설명하는 역할을 합니다.

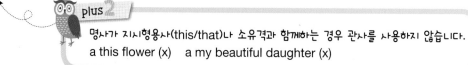

plus 2
명사가 지시형용사(this/that)나 소유격과 함께하는 경우 관사를 사용하지 않습니다.
a this flower (x)   a my beautiful daughter (x)

Warm up

● 다음 빈칸에 형용사의 뜻을 쓰세요.

정답 및 해설 p.16

01	big	큰
02	dirty	
03	clean	
04	high	
05	low	낮은
06	rich	
07	poor	
08	long	
09	short	
10	boring	
11	interesting	
12	diligent	
13	lazy	
14	cheap	
15	expensive	
16	brave	
17	dangerous	
18	safe	안전한
19	foolish	
20	funny	

21	heavy	
22	light	
23	easy	
24	difficult	
25	fast	
26	slow	느린
27	good	
28	bad	
29	unhappy	
30	kind	
31	unkind	
32	wrong	
33	right	옳은
34	important	
35	great	
36	lovely	
37	friendly	
38	popular	
39	special	
40	enough	

First Step

1 다음 괄호 안에서 알맞은 말을 고르세요.

정답 및 해설 p.17

01 My mom makes (delicious / bad) food.
엄마는 맛있는 음식을 만드신다.

02 We sell (wonderful / famous) shoes.
우리는 멋진 신발을 판다.

03 He is a (smart / foolish) farmer.
그는 어리석은 농부다.

04 They need seven (big / tall) rooms.
그들은 일곱 개의 큰 방이 필요하다.

05 I don't like (rainy / cloudy) days.
나는 비가 오는 날이 싫다.

06 She is my (lovely / love) daughter.
그녀는 나의 사랑스러운 딸이다.

07 She has many (interesting / boring) books.
그녀는 흥미로운 책을 많이 가지고 있다.

08 That (new / old) radio is mine.
저 오래된 라디오는 내 것이다.

09 Baseball is a very (popular / kind) sport.
야구는 매우 인기 있는 스포츠이다.

10 He is a very (unkind / important) man.
그는 매우 중요한 남자이다.

11 The farmers are (lazy / wise).
그 농부들은 게으르다.

12 It is a (wrong / right) answer.
그것은 틀린 답이다.

Words

- delicious 맛있는
- shoe 신발
- foolish 멍청한
- need 필요하다
- lovely 사랑스러운
- boring 지루한
- radio 라디오
- baseball 야구
- popular 인기 있는
- famous 유명한
- unkind 불친절한
- important 중요한
- farmer 농부
- lazy 게으른
- wise 현명한
- wrong 틀린
- right 옳은

2 다음 형용사와 반대되는 말을 쓰세요.

정답 및 해설 p.17

01 big   →   small

02 long   →

03 lazy   →

04 heavy   →

05 clean   →

06 strong   →

07 easy   →

08 low   →

09 cheap   →

10 fast   →

11 rich   →

12 hot   →

13 thin   →

14 new   →

15 interesting →

Words

· diligent 부지런한
· heavy 무거운
· light 가벼운
· strong 강한
· weak 약한
· cheap 싼, 저렴한
· expensive 비싼
· poor 가난한
· thin 얇은
· thick 두꺼운

Second Step

① 주어진 단어를 이용하여 문장을 완성하세요. (관사 a/an을 넣으세요.)

정답 및 해설 p.17

Words

- cute 귀여운
- strong 강한
- smart 영리한
- weak 약한
- slow 느린
- sharp 날카로운
- knife 칼
- wonderful 훌륭한, 멋진
- brave 용감한
- special 특별한

01 She is cute. (girl)

→ She is _____a cute girl_____ .

02 It is fast. (dog)

→ It is _____ .

03 He is strong. (man)

→ He is _____ .

04 It is smart. (cat)

→ It is _____ .

05 He is weak. (boy)

→ He is _____ .

06 This is slow. (train)

→ This is _____ .

07 That is sharp. (knife)

→ That is _____ .

08 This is wonderful. (house)

→ This is _____ .

09 He is lazy. (student)

→ _____ .

10 It is delicious. (cake)

→ _____ .

11 He is brave. (man)

→ _____ .

12 It is special. (car)

→ _____ .

2 다음 빈칸에 알맞은 말을 쓰세요.

정답 및 해설 p.17

Words

- glove 장갑
- soup 수프
- great
  위대한, 대단한
- scientist 과학자
- apartment 아파트
- subject 과목
- enough 충분한

01 He has a _____long_____ pencil.

그는 기다란 연필을 가지고 있다.

02 His sister has _____ gloves.

그의 여동생은 빨간 장갑을 가지고 있다.

03 Jack is a _____ student.

Jack은 게으른 학생이다.

04 The soup is very _____.

그 수프는 매우 짜다.

05 He is a _____ scientist.

그는 위대한 과학자이다.

06 That is a very _____ car.

저것은 매우 비싼 자동차이다.

07 Those apartments are not _____.

저 아파트들은 오래되지 않았다.

08 I want those _____ flowers.

나는 저 노란 꽃들을 원한다.

09 Jackson is a _____ boy.

Jackson은 용감한 소년이다.

10 Math is a _____ subject.

수학은 어려운 과목이다.

11 We don't have _____ time.

우리는 충분한 시간이 없다.

12 He is moving _____ boxes.

그는 무거운 상자들을 옮기고 있다.

Third Step 형용사 문장 이해하기

🍎 다음 보기의 단어를 이용하여 빈칸에 알맞은 말을 쓰세요.

정답 및 해설 p.17

large diligent rich famous tall honest hot bright right old

- shirt 셔츠
- actor 배우
- tell 말하다
- lie 거짓말
- farmer 농부
- hungry 배고픈
- wrong 틀린
- right 옳은
- answer 대답
- color 색
- dark 어두운

01 This shirt is too small. 이 셔츠는 너무 작다.

→ I want a ____large____ size.

02 Many people like him. 많은 사람들이 그를 좋아한다.

→ He is a _____ actor.

03 He doesn't tell a lie. 그는 거짓말을 하지 않는다.

→ He is an _____ student.

04 They are short. 그들은 키가 작다.

→ We need a _____ player.

05 They get up early in the morning. 그들은 아침 일찍 일어난다.

→ They are _____ farmers.

06 My uncle has a lot of money. 나의 삼촌은 돈이 많다.

→ He is a _____ man.

07 Jack is hungry. Jack은 배가 고프다.

→ He wants _____ soup.

08 Mr. Smith wants a new car. Smith 씨는 새 자동차를 원한다.

→ He has an _____ car.

09 His answer is wrong. 그의 대답은 맞지 않다.

→ His teacher wants a _____ answer.

10 This color is too dark. 이 색은 너무 어둡다.

→ I need a _____ color.

Writing Step

🍎 **주어진 단어를 이용하여 문장을 완성하세요. (필요하면 단어를 변경하세요.)**

정답 및 해설 p.17

Words

- poor 가난한
- easy 쉬운
- fresh 신선한
- sleepy 졸린
- foolish 어리석은
- lovely 사랑스러운
- daughter 딸
- person 사람

01 우리는 가난한 사람들을 돕는다. (poor, help, people)

→ We _____help poor people_____ .

02 그 시험은 쉽지 않다. (easy, be, not)

→ The test _____ .

03 저 야채들은 신선하지 않다. (not, be, fresh)

→ Those vegetables _____ .

04 나는 지금 졸리다. (sleepy, be, now)

→ I _____ .

05 그는 어리석은 사람이 아니다. (man, a, foolish, be, not)

→ He _____ .

06 그녀는 나의 사랑스러운 딸이다. (be, lovely, my, daughter)

→ She _____ .

07 이것이 그의 새 컴퓨터이다. (his, computer, new)

→ This is _____ .

08 우리는 저 낡은 신발이 필요하다. (old, those, shoes, need)

→ We _____ .

09 저 강인한 남자는 나의 아버지이시다. (strong, that, man)

→ _____ is my father.

10 이것은 매우 흥미로운 컴퓨터 게임이다. (computer game, very, a, interesting)

→ This is _____ .

11 그는 중요한 사람이다. (an, important, be, person)

→ He _____ .

12 Alice는 매우 사랑스러운 소녀이다. (be, a, very, girl, lovely)

→ Alice _____ .

Final Step

1 다음 문장에서 밑줄 친 부분을 바르게 고쳐 쓰세요.

정답 및 해설 p.17

Words

- popular 인기 있는
- friendly 친절한, 다정한
- cute 귀여운
- important 중요한
- scientist 과학자
- pond 연못
- deep 깊은
- tired 피곤한

01 She is <u>a beautiful</u>. 그녀는 아름답다.

→ _____ She is beautiful. _____

02 He is <u>very a popular</u> singer. 그는 매우 인기 있는 가수이다.

→ _____

03 This is <u>a my friendly</u> father. 이분은 내 친절한 아버지이시다.

→ _____

04 It's <u>a hot</u> today. 오늘은 덥다.

→ _____

05 They are <u>a famous</u> actors. 그들은 유명한 배우들이다.

→ _____

06 I have <u>yellow three</u> pencils. 나는 세 개의 노란색 연필이 있다.

→ _____

07 It is <u>a my cute</u> dog. 이것은 내 귀여운 개다.

→ _____

08 Jackson is <u>a important very</u> scientist.
Jackson은 매우 중요한 과학자이다.

→ _____

09 James needs <u>large five</u> rooms. James는 다섯 개의 큰 방이 필요하다.

→ _____

10 The pond is not <u>a deep</u>. 그 연못은 깊지 않다.

→ _____

11 Joe has <u>new a computer</u>. Joe는 새 컴퓨터를 가지고 있다.

→ _____

12 She is <u>a very</u> tired now. 그녀는 지금 매우 피곤하다.

→ _____

② 다음 보기의 단어를 이용하여 빈칸에 알맞은 말을 쓰세요.

정답 및 해설 p.18

| clean | heavy | smart | dry | popular |
| large | cheap | lazy | boring | comfortable |

01 This room is not clean. 이 방은 깨끗하지 않다.

→ I want a ___clean___ room.

02 This box is not light. 이 상자는 가볍지 않다.

→ It is very _____.

03 My sister is always late for school. 나의 여동생은 항상 학교에 지각한다.

→ She is _____.

04 Sara is not foolish. Sara는 어리석지 않다.

→ She is a _____ girl.

05 This table is too small. 이 식탁은 너무 작다.

→ I want a _____ table.

06 This towel is wet. 이 수건은 젖었다.

→ I need a _____ towel.

07 This sofa is too expensive. 이 소파는 너무 비싸다.

→ I'm looking for a _____ sofa.

08 I need that sofa. 나는 저 소파가 필요하다.

→ That sofa is very _____.

09 We don't like the game. 우리는 그 게임을 싫어한다.

→ It's _____.

10 We like the show. 우리는 그 쇼를 좋아한다.

→ It's very _____ in Korea.

Words

- clean 깨끗한
- light 가벼운
- wet 젖은
- dry 마른
- towel 타월, 수건
- subway 지하철
- comfortable 편안한
- show 쇼, 공연

[1-2] 다음 중 형용사가 <u>아닌</u> 것을 고르세요.

 Note

1 ① strong   ② weak
    ③ actor   ④ cheap
    ⑤ warm

1 명사와 형용사를 구분하세요.

2 ① salty   ② delicious
    ③ sweet   ④ windy
    ⑤ hate

2 동사와 형용사를 구분하세요.

[3-4] 다음 중 의미가 반대되지 <u>않는</u> 것끼리 짝지어진 것을 고르세요.

3 ① early ↔ late
    ② short ↔ long
    ③ lazy ↔ diligent
    ④ gentle ↔ kind
    ⑤ easy ↔ difficult

3 gentle 다정한

4 ① dark ↔ light
    ② hungry ↔ tired
    ③ young ↔ old
    ④ safe ↔ dangerous
    ⑤ thick ↔ thin

4 light 밝은
dangerous 위험한
thick 두꺼운

[5-7] 다음 중 빈칸에 알맞은 말을 고르세요.

5
> Don't drink the water.
> It's not _____.

① dirty   ② clean   ③ old
④ beautiful   ⑤ expensive

6
> This coat is very expensive.
> I want a _____ coat.

① smart   ② lazy   ③ heavy
④ cheap   ⑤ poor

7
> This sofa is old.
> He needs a _____ sofa.

① tall   ② low   ③ wrong
④ expensive   ⑤ new

8 **다음 중 밑줄 친 형용사의 쓰임이 다른 것을 고르세요.**

① I like those little puppies.
② My sister is lovely.
③ They are good students.
④ We sell large watermelons.
⑤ I like rainy days.

Note

5 be동사 다음에 올 수 있는 말을 생각하세요.

6 expensive의 반대말을 생각하세요.

7 명사를 수식하는 말을 생각하세요.

8 puppy 강아지
watermelon 수박
형용사는 명사를 꾸며주는 역할과 주어를 보충 설명하는 역할을 합니다.

Exercise

[9-10] 다음 중 빈칸에 알맞지 <u>않은</u> 말을 고르세요.

9

> The water is _____.

① cold   ② hot   ③ clean

④ dirty   ⑤ diligent

9 주어 water를 보충 설명하지 않는 형용사를 찾아야 합니다.

10

> Jane has a _____ bag.

① kind   ② yellow   ③ new

④ small   ⑤ expensive

10 수식하는 명사 bag과 어울리지 않는 형용사를 찾아야 합니다.

11 다음 중 밑줄 친 것의 쓰임이 <u>다른</u> 것을 고르세요.

① <u>This</u> small house is mine.

② <u>This</u> is my brother.

③ <u>Those</u> beautiful flowers are tulips.

④ I need <u>that</u> large cheese.

⑤ He wants <u>this</u> wonderful car.

11 지시대명사와 지시형용사를 구분하세요.

12 다음 중 우리말을 영어로 바르게 쓴 것을 고르세요.

> 저 과일들은 매우 맛있다.

① This fruit is delicious.

② That fruit is delicious.

③ These fruits are delicious.

④ Those fruits are delicious.

⑤ Those fruit is delicious.

13 다음 중 잘못된 문장을 고르세요.

① I like that beautiful girl.

② She is a my lovely daughter.

③ My father is strong.

④ He has a red car.

⑤ She is a lazy student.

Note

13 소유격과 함께 할 때 관사는 쓰지 않습니다.

14 다음 형용사의 반대말을 쓰세요.

(1) strong ↔ _____

(2) long ↔ _____

(3) rich ↔ _____

(4) cheap ↔ _____

[15–16] 다음 빈칸에 알맞은 말을 쓰세요.

15

나는 저 키 큰 소녀를 좋아하다.
I like that _____ girl.

→ _____

15 명사를 수식하는 형용사를 생각하세요.

16

오늘은 바람이 분다.
It's _____ today.

→ _____

1 다음 문장에서 밑줄 친 부분을 바르게 고쳐 쓰세요. Chapter 1

01 I <u>learns</u> English at school. → learn

02 She <u>invite</u> her friends to her birthday party. → _____

03 They <u>wants</u> three pieces of pizza. → _____

04 The children <u>does</u> their homework after school. → _____

05 Amy <u>studys</u> English hard. → _____

06 They <u>plays</u> computer games every day. → _____

07 I <u>feels</u> good today. → _____

08 She <u>use</u> a washing machine. → _____

09 My uncle sometimes <u>visit</u> the dentist. → _____

10 Ellen <u>have</u> many candies. → _____

11 They <u>wants</u> some strawberries. → _____

12 You and Jane <u>has</u> many friends. → _____

13 Tom and his friends often <u>comes</u> home late. → _____

14 My father <u>give</u> me some money. → _____

15 She <u>buy</u> many vegetables at a market. → _____

 Words ·dentist 치과, 치과의사 ·strawberry 딸기 ·give 주다 ·money 돈 ·market 시장

정답 및 해설 p.18

② 다음 빈칸에 알맞은 말을 쓰세요. Chapter 2

01 A: ____Does____ he drink milk? 그는 우유를 마시니?

B: Yes, ____he does____.

02 A: _____ your mother a teacher? 네 어머니는 선생님이시니?

B: Yes, _____.

03 A: _____ your friends watch movies? 너의 친구들은 영화를 보니?

B: No, _____.

04 A: _____ the bird fly high? 그 새는 높이 나니?

B: No, _____.

05 A: _____ your sister wear a skirt? 네 여동생은 치마를 입니?

B: Yes, _____.

06 A: _____ your house big? 너의 집은 크니?

B: No, _____.

07 A: _____ you and Amy take pictures? 너와 Amy는 사진을 찍니?

B: No, _____.

08 A: _____ your students like music? 네 학생들은 음악을 좋아하니?

B: Yes, _____.

09 A: _____ the fruits fresh? 그 과일들은 신선하니?

B: Yes, _____.

10 A: _____ Mr. Smith eat raw fish? Smith 씨는 생선회를 먹니?

B: Yes, _____.

11 A: _____ the boy have a bicycle? 그 소년은 자전거가 있니?

B: No, _____.

12 A: _____ your watch expensive? 네 시계는 비싸니?

B: Yes, _____.

 Words · watch movies 영화 보다 · take pictures 사진 찍다 · raw fish 생선회

Review Test

3 다음 문장을 지시대로 바꿔 쓰세요. **Chapter 3**

01 Jack is using a copy machine.

　　의문문 ___Is Jack using a copy machine?___

02 The man is driving his car.

　　의문문 _____

03 It's raining now.

　　부정문 _____

04 She is cooking in the kitchen.

　　의문문 _____

05 My brother is taking a shower now.

　　부정문 _____

06 They are waiting for their mom.

　　의문문 _____

07 Sally is cleaning her room.

　　의문문 _____

08 Alice and John are making a snowman.

　　의문문 _____

09 They are preparing food for a picnic.

　　부정문 _____

10 The bag is my mother's.

　　의문문 _____

11 I like yellow color.

　　부정문 _____

12 He uses the subway on Monday.

　　의문문 _____

 **Words** ・copy machine 복사기 ・snowman 눈사람 ・prepare 준비하다 ・picnic 소풍 ・subway 지하철

다음 보기의 단어를 이용하여 빈칸에 알맞은 말을 쓰세요. **Chapter 4**

famous dirty delicious diligent busy tall funny bright favorite hungry

01 We like him.
우리는 그를 좋아한다.

→ He is a ____famous____ actor.
그는 유명한 배우이다.

02 I don't clean my room.
나는 내 방을 청소하지 않는다.

→ My room is very _____.
내 방은 매우 더럽다.

03 My sister learns English.
나의 여동생은 영어를 배운다.

→ English is her _____ subject.
영어는 그녀가 좋아하는 과목이다.

04 My father comes home late.
아버지는 집에 늦게 오신다.

→ He is _____.
그는 바쁘다.

05 This tree is too short.
이 나무는 너무 작다.

→ We want a _____ tree.
우리는 키 큰 나무를 원한다.

06 I like this movie.
나는 이 영화를 좋아한다.

→ It is _____.
그것은 재미있다.

07 My brother gets up early.
내 형은 일찍 일어난다.

→ He is _____.
그는 부지런하다.

08 This color is dark.
이 색은 어둡다.

→ I want a _____ color.
나는 밝은 색을 원한다.

09 I want three pieces of pizza.
나는 피자 세 조각을 원한다.

→ I'm very _____ now.
나는 지금 매우 배가 고프다.

10 We like this cake.
우리는 이 케이크를 좋아한다.

→ It's very _____.
그것은 매우 맛있다.

Achievement Test

1 다음 중 동사의 변화가 잘못된 것을 고르세요.

① have – has
② study – studys
③ make – makes
④ go – goes
⑤ teach – teaches

2 다음 중 서로 반대되는 의미가 아닌 것을 고르세요.

① big – small
② handsome – ugly
③ nice – bad
④ cheap – expensive
⑤ wise – narrow

3 다음 중 현재진행형이 잘못된 것을 고르세요.

① do – doing
② get – geting
③ sleep – sleeping
④ run – running
⑤ swim – swimming

4 다음 중 밑줄 친 것이 잘못된 것을 고르세요.

① I listens to music.
② Jane likes her neighbors.
③ We live in America.
④ They play soccer after school.
⑤ She wants hot soup.

[5–8] 다음 중 빈칸에 알맞은 말을 고르세요.

5

_____ has a beautiful smile.

① My friends   ② They
③ Ellen   ④ We
⑤ You

6

Do _____ drink milk every day?

① your friend   ② he
③ your mom   ④ the boy
⑤ they

7

Ellen is watching a movie _____.

① yesterday   ② last night
③ now   ④ before
⑤ ago

8

She _____ some milk now.

① drink   ② is drink
③ was drink   ④ is drinking
⑤ was drinking

9 다음 중 밑줄 친 형용사의 쓰임이 **다른** 것을 고르세요.

① They are very <u>happy</u>.
② He likes <u>comic</u> movies.
③ It is a <u>nice</u> car.
④ I have a <u>small</u> house.
⑤ She is a <u>rich</u> woman.

[10-11] 빈칸에 들어갈 말로 짝지어진 것을 고르세요.

10
> • I _____ go to the library on Saturday.
> • Ellen _____ read books in the evening.

① doesn't – don't   ② don't – doesn't
③ doesn't – doesn't   ④ don't – don't
⑤ don't – isn't

11
> • My brother _____ some milk.
> • Jane and Alice _____ smart phones.

① have – use   ② has – use
③ have – uses   ④ has – uses
⑤ don't have – don't use

12 다음 중 빈칸에 들어갈 말이 **다른** 것을 고르세요.

① _____ your brother like pizza?
② _____ she meet you every day?
③ _____ Jason get up early?
④ _____ he need a new car?
⑤ _____ your cats eat this food?

[13-16] 다음 중 **잘못된** 문장을 고르세요.

13 ① Cathy is not wearing a nice dress.
② He is looking for his watch.
③ My sister is singing a song.
④ He doesn't helping his friends.
⑤ She is cooking in the kitchen.

14 ① I'm reading a book now.
② She is liking all kinds of sports.
③ Those flowers are beautiful.
④ He doesn't like Chinese food.
⑤ He is driving his car.

15 ① Julie do her homework in the evening.
② Mike likes comic books.
③ My son plays tennis after school.
④ He washes the dishes after dinner.
⑤ She uses the subway every day.

16 ① This food is delicious.
② This is my watch.
③ Those tall men are my uncles.
④ We need fresh carrots.
⑤ I don't likes this movie.

Achievement Test

17 다음 중 밑줄 친 것의 쓰임이 <u>다른</u> 것을 고르세요.

① She is <u>cutting</u> a tree.
② He is <u>having</u> dinner.
③ They are <u>playing</u> soccer.
④ My mom is <u>cleaning</u> her room.
⑤ This movie is not <u>boring</u>.

18 다음 중 빈칸에 들어 갈 말이 <u>다른</u> 것을 고르세요.

① He _____ bananas.
그는 바나나를 가지고 있다.
② They _____ a small house.
그들은 작은 집을 가지고 있다.
③ She _____ a pretty dog.
그녀는 예쁜 개를 가지고 있다.
④ My uncle _____ a nice car.
나의 삼촌은 좋은 자동차를 가지고 있다.
⑤ My sister _____ an expensive bag.
나의 누나는 비싼 가방을 가지고 있다.

19 다음 중 올바른 문장을 고르세요.

① She don't use a pencil.
② They doesn't have books.
③ Do they listens to music?
④ My mother and my sister don't wash the dishes.
⑤ My father come home late.

20 다음 중 의문문으로 바르게 쓴 것을 고르세요.

> He has many friends.

① Does he have many friends?
② Is he have many friends?
③ Does he has many friends?
④ Do he have many friends?
⑤ Does he haves many friends?

[21-25] 다음 중 빈칸에 알맞지 <u>않은</u> 것을 고르세요.

21

> She _____ an interesting book.

① reads ② has
③ is reading ④ is writing
⑤ is having

22

> Amy _____ in the evening.

① reads books
② does her homework
③ go to church
④ plays the guitar
⑤ takes a shower

23

> _____ walks to the station.

① My sister ② My cousin
③ Ellen ④ People
⑤ Michael

24

Do _____ like pizza?

① you   ② they
③ your friends   ④ your father
⑤ Sally and Lynda

25

My uncle has a(n) _____ car.

① tired   ② yellow   ③ new
④ old   ⑤ expensive

26 다음 중 의문문으로 바르게 바꾼 것을 고르세요.

James does the dishes for her mom.

① Does James do the dishes for her mom?
② Do James dishes for her mom?
③ Do James do the dishes for her mom?
④ Does James does the dishes for her mom?
⑤ Does James doing the dishes for her mom?

27 다음 중 우리말을 바르게 바꾼 것을 고르세요.

너는 학교에 버스타고 가니?

① Is you go to school by bus?
② Does you go to school by bus?
③ Does you goes to school by bus?
④ Are you go to school by bus?
⑤ Do you go to school by bus?

28 다음 중 부정문으로 바르게 바꾼 것을 고르세요.

She has a large house.

① She don't has a large house.
② She don't have a large house.
③ She doesn't has a large house.
④ She doesn't have a large house.
⑤ She doesn't haves a large house.

29 다음 문장을 의문문과 부정문으로 바꾸세요.

He teaches English at school.

(1) 의문문: _____

_____

(2) 부정문: _____

_____

30 다음 우리말을 영어로 쓰세요.

그들은 지금 편지를 쓰고 있다.
(write, a letter, now)

→ _____

미국의 *landmark*
Empire State Building

Empire State Building은 뉴욕 주 뉴욕 시 맨해튼 5번가와 34블록의 모퉁이에 있습니다. 이 빌딩은 지상 102층에 높이는 381m이며 안테나 탑을 포함할 경우 443m입니다. 1929년 공사를 시작하였고, 2년 뒤인 1931년에 공사를 마쳤습니다. Empire State Building에는 73개의 엘리베이터가 있으며, 현재 약 20,000명의 사람들이 일하고 있습니다. 86층에는 전망대가 있어 뉴욕의 경관을 감상할 수 있습니다.

Chapter 5

기수 · 서수

Word Check

☐ about	☐ basket	☐ button	☐ concert	☐ difficult
☐ floor	☐ grade	☐ gym	☐ hour	☐ language
☐ office	☐ pilot	☐ press	☐ question	☐ season
☐ step	☐ ticket	☐ touch	☐ trip	☐ wrong

UNIT 01 기수와 서수

개수를 나타내는 숫자를 '기수'라고 하고, 순서를 나타내는 숫자를 '서수'라고 합니다.

① 기수

기수는 사람이나 사물의 수를 세거나 나이, 연도, 전화번호, 시간 등을 표현할 때
쓰는 표현으로 '하나, 둘, 셋, 넷, …' 등으로 말합니다.

- **five** books 다섯 권의 책
- at **nine** 9시에

② 서수

순서나 차례 등을 표현할 때 쓰는 표현으로
정관사 the와 함께 사용합니다.

- the **second** book 두 번째 책
- the **first** boy 첫 번째 소년
- on the **second** floor 2층에

plus 2
1층, 2층, …을 표현할 때
에는 서수를 사용합니다.

plus 1
twenty, thirty, forty, fifty,
sixty, seventy, ninety를 서
수를 만들 때에는 마지막 y를
ie로 바꾼 다음 th를 붙이세요.

* 주의해야 할 서수와 기수
nine - ninth (서수를 만들 때
e를 생략합니다.)
four - forty (u를 생략합니다.)
twelve - twelfth (ve를 f로
바꾼 다음 th를 붙이세요.)

③ one을 제외한 기수 뒤에는 복수명사를, 모든 서수 뒤에는 단수명사를 씁니다.

I have **two computers** at home.   Jessica is my **third daughter**.

기수		서수		기수		서수	
1	one	1st	**first**	16	sixteen	16th	sixteenth
2	two	2nd	**second**	17	seventeen	17th	seventeenth
3	three	3rd	third	18	eighteen	18th	eighteenth
4	four	4th	fourth	19	nineteen	19th	nineteenth
5	five	5th	**fifth**	20	twenty	20th	**twentieth**
6	six	6th	sixth	21	twenty-one	21st	**twenty-first**
7	seven	7th	seventh	22	twenty-two	22nd	twenty-second
8	eight	8th	eighth	30	thirty	30th	**thirtieth**
9	nine	9th	**ninth**	40	forty	40th	**fortieth**
10	ten	10th	tenth	50	fifty	50th	**fiftieth**
11	eleven	11th	eleventh	60	sixty	60th	**sixtieth**
12	twelve	12th	**twelfth**	70	seventy	70th	**seventieth**
13	thirteen	13th	thirteenth	80	eighty	80th	**eightieth**
14	fourteen	14th	fourteenth	90	ninety	90th	**ninetieth**
15	fifteen	15th	fifteenth	100	one hundred	100th	one hundredth

Warm up

정답 및 해설 p.20

● 빈칸에 알맞은 말을 쓰세요.

기수			
1	one	16	
2		17	
3		18	
4		19	
5		20	
6		21	twenty-one
7	seven	22	
8		30	
9		40	
10		50	
11		60	sixty
12		70	
13		80	
14		90	ninety
15		100	

서수			
1st		16th	sixteenth
2nd		17th	
3rd		18th	
4th	fourth	19th	
5th		20th	
6th		21st	
7th		22nd	twenty-second
8th		30th	
9th		40th	
10th		50th	
11th	eleventh	60th	
12th		70th	seventieth
13th		80th	
14th		90th	
15th		100th	

First Step

1 다음 숫자에 알맞은 기수와 서수를 쓰세요.

정답 및 해설 p.20

Words

			기수	서수
01	1	→	one	first
02	2	→		
03	3	→		
04	4	→		
05	8	→		
06	9	→		
07	10	→		
08	11	→		
09	12	→		
10	13	→		
11	15	→		
12	16	→		
13	17	→		
14	20	→		
15	21	→		

2 다음 숫자에 알맞은 기수와 서수를 쓰세요.

정답 및 해설 p.20

			기수	서수
01	22	→	twenty-two	twenty-second
02	23	→		
03	25	→		
04	27	→		
05	30	→		
06	42	→		
07	50	→		
08	60	→		
09	65	→		
10	76	→		
11	81	→		
12	82	→		
13	90	→		
14	94	→		
15	100	→		

Second Step

1 다음 괄호 안에서 알맞은 말을 고르세요.

정답 및 해설 p.20

- birthday 생일
- July 7월
- January 1월
- month 달
- language 언어
- basket 바구니
- ball 공
- bag 가방

01 I have (eleven)/eleventh) oranges.
나는 11개의 오렌지를 가지고 있다.

02 My father is (forty-one / forty-first) years old.
나의 아버지는 41세이시다.

03 This is my (one / first) visit to Africa.
이번이 나의 첫 번째 아프리카 방문이다.

04 The (fourth / four) woman is my English teacher.
네 번째 여자 분이 나의 영어선생님이시다.

05 I have (twenty-one / the twenty-first) dollars now.
나는 지금 21달러가 있다.

06 Today is my (twelve / twelfth) birthday.
오늘은 나의 12번째 생일이다.

07 There are (seven / the seventh) days in a week.
일주일은 7일이다.

08 January is (one / the first) month of the year.
1월은 1년 중 첫 번째 달이다.

09 I learn (three / the third) languages.
나는 세 개 언어를 배운다.

10 There are (twenty / the twentieth) carrots in the basket.
바구니에 당근이 20개 있다.

11 I have (two / the second) balls.
나는 공이 두 개 있다.

12 The (three / third) bag is yours.
세 번째 가방이 네 것이다.

② 다음 괄호 안에서 알맞은 말을 고르세요.

정답 및 해설 p.20

01 She has (**three**/ third) dogs.

그녀는 개 세 마리가 있다.

02 Julie has (five / fifth) classes today.

Julie는 오늘 수업이 다섯 개 있다.

03 The museum is (four / the fourth) building from the store.

미술관은 그 상점에서 네 번째 건물이다.

04 His office is on (nine / the ninth) floor.

그의 사무실은 9층에 있다.

05 This is my (one / first) trip to Europe.

이번이 나의 첫 번째 유럽 여행이다.

06 Sam is meeting his (three / third) daughter.

Sam은 그의 세 번째 딸을 만나고 있다.

07 He wants (five / the fifth) pieces of pizza.

그는 피자 다섯 조각을 원한다.

08 (Eleven / The eleventh) answer is wrong.

11번째 답은 틀렸다.

09 Johnson needs (ten / the tenth) oranges.

Johnson은 10개의 오렌지가 필요하다.

10 Don't press (two / the second) button from the left.

왼쪽에서 두 번째 버튼은 누르지 마세요.

11 My (two / second) son is very tall.

내 둘째 아들은 키가 매우 크다.

12 He is standing on (five / the first) step.

그는 첫 번째 계단에 서 있다.

Words

· class 수업
· building 건물
· store 상점
· office 사무실
· trip 여행
· meet 만나다
· answer 대답, 정답
· wrong 잘못된, 틀린
· press 누르다
· button 단추, 버튼
· left 왼쪽
· classroom 교실
· floor 바닥
· step 계단, 단계

Third Step

다음 밑줄 친 부분을 바르게 고쳐 쓰세요.

정답 및 해설 p.21

Words

- novel 소설
- blue jeans 청바지
- spoon 스푼, 수저
- May 5월
- movie 영화
- take a rest 휴식하다
- minute 분
- egg 달걀, 계란
- hour 시간
- toy shop 장난감 가게
- slice 조각

01 Jane is eleventh years old. → eleven
    Jane은 11살이다.

02 This is his two novel. → _____
    이것은 그의 두 번째 소설이다.

03 My mom has fifth blue jeans. → _____
    나의 엄마는 청바지가 다섯 개 있다.

04 There are fourth spoons on the table. → _____
    식탁에 스푼 네 개가 있다.

05 Jessica is my second daughters. → _____
    Jessica는 나의 두 번째 딸이다.

06 Today is her ten birthday. → _____
    오늘은 그녀의 10번째 생일이다.

07 The five month of the year is May. → _____
    일 년 중 다섯 번째 달은 5월이다.

08 The movie ticket is eighth dollars. → _____
    그 영화티켓은 8달러이다.

09 My school starts on March the nineth. → _____
    나의 학교는 3월 9일에 시작한다.

10 We take a rest for tenth minutes. → _____
    우리는 10분 동안 휴식한다.

11 Jina has eighth eggs. → _____
    Jina는 계란 여덟 개를 가지고 있다.

12 There are twenty-fourth hours in a day. → _____
    하루는 24시간이다.

13 My book is on the one desk. → _____
    내 책은 첫 번째 책상 위에 있다.

14 We need five slice of cheese. → _____
    우리는 치즈 다섯 조각이 필요하다.

15 I eat fourth potatoes every day. → _____
    나는 매일 감자 네 개를 먹는다.

Writing Step

정답 및 해설 p.21

- birthday 생일
- alarm clock
  알람시계
- Tuesday 화요일
- grade 학년
- hour 시간
- storybook
  이야기책
- floor 바닥, 층
- pilot 조종사
- bathroom 화장실

01 오늘은 그녀의 아홉 번째 생일이다. (be, nine, birthday, her)

→ Today _____ is her ninth birthday _____.

02 나는 세 개의 알람시계가 있다. (have, alarm clock, three)

→ I _____.

03 화요일은 일주일의 두 번째 날이다. (of the week, two, day)

→ Tuesday is the _____.

04 Max는 나의 셋째 아들이다. (my, three, son)

→ Max is _____.

05 Jane은 매일 두 시간 동안 산책한다. (take a walk, for, hour, two)

→ Jane always _____.

06 내 삼촌은 아이가 네 명 있다. (have, four, child)

→ My uncle _____.

07 나는 20권의 이야기책이 있다. (storybook, have, twenty)

→ I _____.

08 책상 위에 책이 다섯 권 있다. (books, on the table)

→ There are _____.

09 교실에는 22명의 학생들이 있다. (in the classroom, student, twenty-two)

→ There are _____.

10 일곱 번째 남자 분이 내 할아버지이시다. (the seven, man, be)

→ _____ my grandfather.

11 그의 둘째 아들은 비행기 조종사다. (his, two, son, be)

→ _____ a pilot.

12 나의 집은 화장실이 두 개다. (has, bathroom)

→ My house _____.

UNIT 02 수읽기

기수와 서수의 쓰임을 올바르게 사용하는 것이 중요합니다.

1 숫자 – 뒤에서 세 자리씩 끊어서 읽습니다.

> 1,854: one thousand eight hundred fifty-four   7,008: seven thousand eight
> 34,456: thirty-four thousand four hundred fifty-six

plus 1
숫자와 함께 쓸 때에는 thousand와 hundred 끝에 s를 붙이지 않습니다.
one thousand 천   two thousand 이천
hundred thousand 십만   two hundred 이백

2 전화번호 – 기수로 표현하며 한 자리씩 읽어나갑니다.

> 826-7120: eight two six, seven one two zero

*일반적으로 0는 zero 대신 알파벳 'O'라고도 읽습니다.

3 연도 – 기수로 표현하며 두 자리씩 끊어 읽습니다.

> 1992년: nineteen ninety-two   2016년: two thousand sixteen
> 2000년: two thousand   1800년: eighteen hundred

*중복되는 숫자가 있는 경우에는 일반 숫자 읽듯이 읽습니다.

plus 2
날짜는 기수를 써서 October seven이나 July four라고도 할 수 있지만, of를 쓰는 경우는 서수로 표현합니다. 또한, 연도를 나중에 쓴다는 것을 잊지 마세요.

4 학년, 순서, 등수, 날짜 – 서수로 표현합니다.

> 4학년: the fourth grade   세 번째 버스: the third bus
> 10월 7일: October (the) seventh / the seventh of October
> 7월 4일: July (the) fourth / the fourth of July   2층: the second floor
> 2016년 3월 5일: March (the) fifth, two thousand sixteen

5 돈을 읽는 법

> $31: thirty one dollars $210: two hundred ten dollars
> $31.20: thirty one dollars and twenty cents

plus 3
날짜를 표현할 때 서수 앞에 정관사 the를 생략하기도 합니다.

6 소수점 단위 – 소수점은 point라고 하며 소수점 이하는 기수로 한 자리씩 읽습니다.

> 1.45: one point four five   7.57: seven point five seven

7 시각 표현

> 10:00 = ten o'clock   06:20 = six twenty   02:25 = two twenty-five

Warm up

● **다음 괄호 안에서 알맞은 말을 고르세요.**

정답 및 해설 p.21

Words

· birthday 생일
· September 9월
· grade 학년, 등급
· June 6월

01 09:00 – ((nine o'clock) / ninth o'clock)

02 다섯 번째 의자 – (five chairs / the fifth chair)

03 세 명의 학생들 – (three students / the third student)

04 1981년 – (nineteen eighty-one / nineteen eighty-first)

05 6월 8일 – (the eight June / June the eighth)

06 56달러 – (fifty-six dollars / fifty-sixth dollars)

07 2001년 – (two thousand one / two thousand first)

08 15번째 생일 – (fifteen birthdays / the fifteenth birthday)

09 103 – (one hundred three / one hundred third)

10 9월 1일 – (September the one / September the first)

11 52.75 – (fifty-two point seven five /
fifty-two point seventy fifth)

12 4학년 – (four grade / the fourth grade)

13 9개의 사과들 – (nine apples / the ninth apples)

14 두 번째 집 – (the second house / the second houses)

15 2009년 6월 21일 – (June twenty-first, two thousand nine /
two thousand nine, June twenty-first)

First Step

1 다음 숫자를 영어로 쓰세요.

정답 및 해설 p.21

Words

· April 4월
· September 9월
· March 3월
· May 5월
· grade 학년, 등급

01 2010년 → two _____thousand_____ ten

02 $23 → _____ dollars

03 2015년 → two _____

04 4월 1일 → April the _____

05 9월 21일 → The _____ of September

06 1995년 3월 16일

→ March _____, nineteen _____

07 $150 → _____ dollars

08 07:24 → _____

09 832 - 3257 (전화번호) → _____

10 25.6 → _____ point _____

11 2000년 → _____

12 $926 → _____ dollars

13 3.5 → _____ point _____

14 3학년 → _____ grade

15 1975년 5월 5일

→ May the _____, _____

2 다음 숫자를 영어로 쓰세요.

정답 및 해설 p.21

01 2009년   →   two thousand nine

02 1961년   →   _____

03 1950년   →   _____

04 1988년   →   _____

05 586 - 6191   → five eight six, _____

06 238 - 7205   → two three eight, _____

07 $35.15   → _____ and _____

08 $17.50   → _____ and _____

09 $50.25   → _____ and _____

10 1974년 11월 18일 → _____

11 3월 21일   →   _____

12 7월 5일   →   _____

13 27.35   →   _____

14 4,380   →   _____

15 6,050   →   _____

Words

· November 11월
· March 3월
· July 7월

Second Step

1 다음 빈칸에 알맞은 숫자를 쓰세요.

정답 및 해설 p.21

Words

· August 8월
· November 11월
· January 1월
· grade 학년

01 two thousand eleven → _____2011_____ 년

02 three hundred six dollars → $_____

03 fifty-six → _____

04 August (the) ninth → _____월 _____일

05 November (the) twenty-first
   → _____월 _____일

06 two five three, eight two nine zero
   → _____ – _____

07 seven hundred fifty-five → _____

08 two thousand three → _____ 년

09 nineteen hundred → _____ 년

10 the second man → _____ 남자

11 January the first → _____월 _____일

12 the third grade → _____ 학년

13 the fifth car → _____ 자동차

14 five three zero, nine seven three two
   → _____ – _____

15 three hundred sixty-five dollars
   → $_____

2 다음 빈칸에 알맞은 숫자를 쓰세요.

정답 및 해설 p.22

01 August the thirty-first   →   8월 31일

02 July the third, two thousand nine

→ _____

03 one thousand thirty-one   → _____

04 zero point three seven   → _____

05 one thousand, five hundred and forty

→ _____

06 April the fifth   → _____

07 seven eight five, six three two zero

→ _____

08 nineteen sixty-two   → _____년

09 seventy-six dollars and twenty-five cents

→ $_____._____

10 March (the) fifth, two thousand sixteen

→ _____

11 February the third   → _____

12 four thousand twenty-four   → _____

13 five hundred six   → _____

14 eighteen hundred   → _____년

15 two hundred thirty-five dollars and twenty cents

→ $_____

Words

- August 8월
- July 7월
- April 4월
- March 3월
- February 2월

🍎 다음 영어를 우리말로 쓰세요.

정답 및 해설 p.22

Words

- answer 정답, 대답
- start 시작하다
- season 계절
- grade 등급, 학년
- pocket 주머니
- seat 좌석
- theater 극장

01 We eat dinner at seven.
→ _____우리는 7시에 저녁식사를 한다._____

02 Today is the tenth of October.
→ _____

03 The bank is the second building from the left.
→ _____

04 My phone number is two five three, three one eight four.
→ _____

05 She has twenty dollars and fifty cent.
→ _____

06 The answer is five point two five.
→ _____

07 The science class starts at nine o'clock.
→ _____

08 Next year is two thousand seventeen.
→ _____

09 There are nine thousand fifty two books in the library.
→ _____

10 There are four seasons in a year.
→ _____

11 His birthday is June the twentieth.
→ _____

12 Tomorrow is July the fifth, two thousand eight.
→ _____

13 My sister is in the second grade.
→ _____

14 I have ten dollars in my pocket.
→ _____

15 There are two thousand five hundred twenty six seats in the theater.
→ _____

Writing Step

주어진 단어를 이용하여 문장을 완성하세요.
(단어를 추가, 변경하고, 숫자는 영어로 쓰세요.)

Words

· son 아들
· October 10월
· movie 영화
· gym 체육관
· dish 접시
· museum 박물관
· ticket 티켓
· next year 내년

01 John은 내 첫 번째 아들입니다. (my, son)

→ John is _____ my first son _____.

02 한 달은 30일이다. (in a month, days)

→ There are _____.

03 10월은 1년 중 열 번째 달이다. (of the year, month)

→ October is the _____.

04 나는 지금 120달러가 있다. (have, dollars)

→ I _____ now.

05 그녀는 샤워를 20분 동안 한다. (takes a shower, for, minutes)

→ She _____.

06 이것은 그녀의 세 번째 영화이다. (her, movie)

→ This is _____.

07 체육관에 3,532명의 사람들이 있다. (people, in the gym)

→ There are _____.

08 우리는 파티를 위해 55개의 접시가 필요하다. (dishes)

→ We need _____ for the party.

09 그의 전화번호는 715-3570이다. (be)

→ His phone number _____.

10 그 박물관 티켓은 15달러 82센트이다. (dollars, cents, be)

→ The museum ticket _____.

11 오늘은 12월 30일이다. (be, the, December)

→ Today _____.

12 내년은 2016년이다. (be, two, sixteen)

→ Next year _____.

Final Step

1 다음 빈칸에 알맞은 말을 영어로 쓰세요.

정답 및 해설 p.22

01 There are _____ nine _____ boys in the classroom.

교실에 아홉 명의 소년들이 있다.

02 We eat _____ meals in a day.

우리는 하루에 세끼 식사를 한다.

03 Johnson is my _____ son.

Johnson은 나의 두 번째 아들이다.

04 Tomorrow is October the _____.

내일은 10월 22일이다.

05 My phone number is three two five, _____.

나의 전화번호는 325-7690이다.

06 The concert ticket is _____ dollars.

음악회 입장권은 25달러이다.

07 His office is on _____ floor.

그의 사무실은 9층에 있다.

08 He is in _____ grade.

그는 2학년이다.

09 This is his _____ concert.

이것은 그의 첫 번째 음악회이다.

10 We take a walk for _____ hours in the morning.

우리는 아침에 두 시간 동안 산책한다.

11 Today is June fifth, _____.

오늘은 2005년 6월 5일이다.

12 The pencil is _____ centimeter long.

그 연필의 길이는 15.5cm이다.

Words

· meal 식사
· in a day 하루에
· concert 음악회
· ticket 티켓, 입장권
· floor 층
· hour 시간

2 다음 빈칸에 알맞은 말을 영어로 쓰세요.

정답 및 해설 p.22

01 There are _____ twelve _____ months in a year.

1년에는 12달이 있다.

02 The answer is _____ point _____ .

정답은 1.25이다.

03 Don't touch the _____ button.

3번째 버튼은 건드리지 마라.

04 Today is her _____ birthday.

오늘은 그녀의 21번째 생일이다.

05 There are _____ people in the gym.

체육관에 3천 5백 명의 사람이 있다.

06 The concert ticket is _____ dollars.

음악회 입장권은 29달러다.

07 _____ month of the year is October.

1년 중 10번째 달은 10월이다.

08 Kevin has _____ eggs.

Kevin은 31개의 달걀을 가지고 있다.

09 Today is _____ .

오늘을 2016년 4월 5일이다.

10 There are about _____ people in the theater.

극장에 약 2,000명의 사람이 있다.

11 She has five dollars and _____ .

그녀는 5달러 15센트 있다.

12 My birthday is _____ .

내 생일은 7월 21일이다.

- answer 대답
- touch 건드리다, 만지다
- button 단추, 버튼
- people 사람들
- gym 체육관
- concert 콘서트
- ticket 티켓
- October 10월
- egg 달걀
- theater 극장

Exercise

[1-2] 다음 중 기수와 서수가 <u>잘못</u> 짝지어진 것을 고르세요.

 Note

1 ① one – first   ② three – third
   ③ seven – seventh   ④ twenty – twentith
   ⑤ four – fourth

2 ① nine – nineth   ② twenty-one – twenty-first
   ③ five – fifth   ④ thirty – thirtieth
   ⑤ twelve – twelfth

[3-4] 다음 중 숫자를 <u>잘못</u> 읽은 것을 고르세요.

3 날짜는 the가 있으면 서수로
써야 합니다.

3 ① 1996년: nineteen ninety-six
   ② 7,008: seven thousand eight
   ③ 2월 3일: February the three
   ④ 5.23: five point two three
   ⑤ 5학년: the fifth grade

4 **다음 중 영어로 바르게 쓴 것을 고르세요.**

4 연도는 날짜 뒤에 옵니다.

> 2009년 6월 3일

① Two thousand nineteen, June three
② Two thousand nine, June the third
③ June the third, two thousand nine
④ June the third, two thousand nineteen
⑤ The June third, two thousands nineteen

[5-7] 다음 중 빈칸에 알맞은 말을 고르세요.

Note

5

I live on _____ floor. 나는 3층에 산다.

① three   ② the three   ③ third
④ the third   ⑤ threeth

5 floor 바닥, 층

6

We need _____ pencils.

우리는 12개의 연필이 필요하다.

① twelves   ② the twelfth   ③ the twelve
④ twelfth   ⑤ twelve

6 one 이외에는 복수명사를 씁니다.

7

Jack is in _____ grade. Jack은 6학년이다.

① six   ② the six
③ sixteen   ④ the sixth
⑤ the sixes

7 학년을 말할 때는 서수를 쓰고, 서수에는 정관사 the가 옵니다.

8 **다음 중 밑줄 친 부분이 잘못된 것을 고르세요.**

① I have thirty-one dollars.
② Today is my tenth birthday.
③ The eleven month of the year is November.
④ My phone number is five three four, seven eight one six.
⑤ I have forty dollars now.

8 November 11월

날짜는 the가 오면 서수로 표현합니다.

Exercise

[9-11] 다음 중 우리말을 영어로 바르게 쓴 것을 고르세요.

 Note

9

오늘은 2016년 10월 25일이다.

① Today is October twenty-five, two thousands six.
② Today is October the twenty-five, two thousand sixteen.
③ Today is two thousands sixteen, October twenty-fifth.
④ Today is two thousand six, October twenty-fifth.
⑤ Today is October twenty-fifth, two thousand sixteen.

9 연도는 날짜 뒤에 옵니다.

10

1년은 365일이다.

① There are three hundred sixty-five day in a year.
② There are three hundred sixty-five days in a year.
③ There is three hundred sixty-five day in a year.
④ There is three hundred sixty-five days in a year.
⑤ There are three hundreds sixty-five days in a year.

10 복수명사가 오므로 there are로 시작해야 합니다.

11

나는 매일 두 시간 동안 영어공부를 한다.

① I study English for two hours every day.
② I study English for two hour every day.
③ I study English for the second hours every day.
④ I study English for the second hour every day.
⑤ I study English for the two hours every day.

11 one을 제외한 기수 뒤에는 복수명사가, 모든 서수 뒤에는 단수명사가 옵니다.

[12-14] 다음 밑줄 친 숫자를 영어로 쓰세요.

12

> There are 561 students in the gym.

→ _____

12 gym 체육관

13

> The car is 9,856 dollars.

→ _____

13 뒤에서 세 자리씩 끊어 읽으세요.

14

> My phone number is 935–2689.

→ _____

14 phone number 전화번호

[15-16] 다음 빈칸에 알맞은 말을 영어로 쓰세요.

15

> 이것이 그녀의 세 번째 소설이다. (novel)

→ This is her _____.

15 novel 소설
순서를 말할 때는 서수를 씁니다.

16

> 일 년에는 4계절이 있다. (season)

→ There are _____ in a year.

Take a break !

air con vs air conditioner

우리는 여름에 선풍기만큼이나 에어컨을 자주 사용합니다. 그러나 에어컨 역시 올바른 표현이 아니며 정확한 표현은 air conditioner라고 합니다.
우리나라에서는 에어컨이라고 해도 의사소통에 문제가 없지만 해외여행을 하거나 거주할 때에는 반드시 air conditioner라고 해야 합니다.

Can I turn on the air conditioner?
에어컨을 켜도 될까요?

추리닝(training) vs warm-up suit / sweat shirt

여러분도 집에 추리닝이라고 하는 옷들이 있을 것입니다. 보통 이 옷은 운동할 때 입어서 training복이라고 하는 것 같습니다. 하지만 이것 역시 올바르지 못한 표현으로 warm-up suit나 sweat shirt라고 해야 올바른 표현입니다.

I will buy a sweat suit tomorrow.
나는 내일 운동복을 살 것이다.

Chapter 6

부사

Word Check

☐ always

☐ blow

☐ delicious

☐ during

☐ gentle

☐ health

☐ meeting

☐ mind

☐ miss

☐ noodle

☐ pretty

☐ quietly

☐ score

☐ seldom

☐ simply

☐ solve

☐ suddenly

☐ tail

☐ usually

☐ wisely

UNIT 01 부사의 종류와 위치

부사는 동사, 형용사, 다른 부사를 꾸며주며, 문장의 의미를 더 자세하고 풍부하게 합니다.

❶ 부사의 종류

강조부사: 강조하고자 하는 말의 바로 앞에 위치	very, really, so, too, pretty, quite 등	I'm **so** happy. (형용사 강조) 나는 매우 행복합니다. The water is **too** hot. (형용사 강조) 물이 너무 뜨겁다.
모양이나 태도를 나타내는 부사 – 문장 끝에 위치	slowly, easily, happily, quickly, heavily 등	He walks **slowly**. (동사 강조) 그는 느리게 걷는다. I drink water **quickly**. (동사 강조) 나는 물을 빠르게 마신다.
시간부사: 주로 문장의 맨 뒤 또는 맨 앞에 위치	now, yesterday, today, tomorrow, every day 등	I have two dollars **now**. 나는 지금 2달러가 있다. He plays the piano **every day**. 그는 매일 피아노를 연주한다.
빈도부사: 어떤 행동을 얼마나 자주하는지 나타내는 부사	always, often, usually, sometimes, never, seldom 등	I **always** get up at six. (동사 강조) 나는 항상 6시에 일어난다. He **often** goes to the park. (동사 강조) 그는 종종 공원에 간다.

 plus

100%	80%	60-70%	50%	10-20%	0%
always	usually	often	sometimes	seldom	never
항상, 언제나	대개, 보통	자주, 종종	가끔, 때때로	좀처럼 (~않다)	결코 (~않다)

❷ 빈도부사의 위치

조동사와 be동사 뒤	I will **always** miss you. 나는 항상 너를 그리워 할 거다. She is **always** happy. 그녀는 항상 행복하다.
일반동사 앞	She **usually** drinks coffee with milk. 그녀는 대개 우유를 넣은 커피를 마신다. They **sometimes** go to the beach. 그들은 가끔 해변에 간다.

 Words
· too 너무 · pretty 꽤, 아주 · quite 꽤, 아주 · tomorrow 내일 · always 항상
· usually 보통 · never 결코 (~않다) · seldom 좀처럼 (~않다) · miss 그리워하다 · beach 해변

Warm up

● 다음 부사의 뜻을 쓰세요.

정답 및 해설 p.23

01	very	매우		15	kindly	
02	really			16	sadly	
03	so			17	fast	
04	quite			18	gently	
05	slowly			19	simply	
06	easily	쉽게		20	luckily	
07	quickly			21	high	
08	early			22	heavily	
09	often			23	now	
10	sometimes			24	yesterday	어제
11	never			25	late	
12	seldom			26	pretty	
13	hard	열심히		27	happily	
14	badly			28	well	

First Step

1 다음 문장에서 부사를 고르세요.

정답 및 해설 p.23

Words

- get up 일어나다
- often 자주, 종종
- popular 인기 있는
- move 움직이다
- practice 연습하다
- volleyball 배구
- hot 뜨거운
- solve 해결하다
- math problem 수학문제

01 We get up (early) in the morning.

02 I always play the piano.

03 My dogs run fast.

04 She and I often go to the museum.

05 Ann is never late for school.

06 He usually watches TV after dinner.

07 My daughter is very beautiful.

08 The singer is so popular.

09 The water is too hot.

10 The bus moves slowly.

11 We speak English well.

12 My father eats dinner quickly.

13 The students practice volleyball every day.

14 Jane and Mike study hard.

15 He solves math problems easily.

2 다음 괄호 안에서 알맞은 말을 고르세요.

정답 및 해설 p.23

01 She (often goes / goes often) to the beach.

02 I (never am / am never) late for school.

03 We (usually go / go usually) to school by bus.

04 Simson (sometimes goes / goes sometimes) fishing with me.

05 She (never wears / wears never) a skirt.

06 The water is (too cold / cold too).

07 John (seldom calls / calls seldom) me.

08 Jack (sometimes is / is sometimes) late.

09 My father (always comes / comes always) home late.

10 Tom and Jane (always will / will always) love you.

11 I (sometimes am / am sometimes) sad.

12 My sister (usually is / is usually) at the library on Sunday.

13 He (never visits / visits never) his uncle.

14 Jackson (often drinks / drinks often) coffee.

15 She (seldom is / is seldom) at home in the morning.

Words

· by bus 버스로
· go fishing
  낚시하러 가다
· wear 입다
· skirt 스커트, 치마
· call 전화하다
· will (조동사)
  ~할 것이다
· sad 슬픈
· library 도서관
· on Sunday
  일요일에
· visit 방문하다

Second Step

1 다음 보기의 단어를 이용하여 빈칸에 알맞은 말을 쓰세요.

정답 및 해설 p.24

| always | really | sometimes | easily | carefully |
| usually | gently | slowly | hard | too |

Words

- mistake 실수
- solve 풀다
- problem 문제
- touch 만지다
- face 얼굴
- move 움직이다
- dirty 더러운
- really 정말로
- action movie 액션 영화
- drive 운전하다

01 He is not _____always_____ happy.
그는 항상 행복하지는 않다.

02 We _____ make a mistake.
우리는 때때로 실수를 한다.

03 He and I solve the math problems _____.
그와 나는 수학 문제를 쉽게 푼다.

04 Do you _____ watch TV in the evening?
너는 보통 저녁에 TV를 보니?

05 They work so _____.
그들은 매우 열심히 일한다.

06 He touches her face _____.
그는 부드럽게 그녀의 얼굴을 만진다.

07 The train is moving _____.
기차가 천천히 움직이고 있다.

08 The river is _____ dirty.
그 강은 너무 더럽다.

09 They _____ like action movies.
그들은 정말로 액션 영화를 좋아한다.

10 He does not drive a car _____
그는 운전을 조심스럽게 하지 않는다.

2 다음 보기의 단어를 이용하여 빈칸에 알맞은 말을 쓰세요.

정답 및 해설 p.24

often	well	heavily	quickly	happily
loudly	pretty	high	never	badly

01 She is ___often___ busy.

그녀는 자주 바쁘다.

02 It is raining _____ now.

지금 비가 심하게 내리고 있다.

03 They live _____ in Seoul.

그들은 서울에서 행복하게 산다.

04 My father always talks to me _____.

내 아버지는 항상 내게 크게 말하신다.

05 Your English is _____ good.

너의 영어실력은 꽤 좋다.

06 My sister plays the guitar _____.

내 여동생은 기타를 서투르게 친다.

07 Many kites are flying _____ in the sky.

많은 연들이 하늘 높이 날고 있다.

08 I wash my face _____.

나는 빠르게 얼굴을 닦는다.

09 Sara sings very _____.

Sara는 노래를 매우 잘한다.

10 I _____ eat hamburgers.

나는 결코 햄버거를 먹지 않는다.

Words

- busy 바쁜
- talk 말하다
- kite 연
- face 얼굴

Third Step

🍎 다음 우리말과 뜻이 같도록 빈칸에 알맞은 말을 쓰세요.

정답 및 해설 p.24

01 She _____never_____ tells a lie.

그녀는 결코 거짓말을 하지 않는다.

02 My mom _____ eats hamburgers.

나의 엄마는 거의 햄버거를 먹지 않으신다.

03 They _____ take a shower in the morning.

그들은 항상 아침에 샤워를 한다.

04 It _____ rains in the desert.

사막에는 비가 결코 내리지 않는다.

05 She will _____ visit her parents.

그녀는 자주 부모님을 방문할 것이다.

06 They _____ stay at a hotel.

그들은 가끔 호텔에 머문다.

07 They are _____ at home on weekends.

그들은 주말에 결코 집에 있지 않다.

08 My aunt _____ makes cookies.

나의 이모는 가끔 쿠키를 만드신다.

09 My father _____ helps my mom.

나의 아버지는 거의 엄마를 도와주지 않으신다.

10 Jane _____ finishes her homework before dinner.

Jane 보통 저녁식사 전에 숙제를 마친다.

11 These trees grow up _____.

이 나무들을 빠르게 자란다.

12 Our teacher speaks to us _____.

우리 선생님은 우리에게 친절하게 말하신다.

__Words__

· lie 거짓말
· desert 사막
· visit 방문하다
· on weekend 주말에
· aunt 이모, 고모
· finish 마치다
· grow up 자라다

Writing Step

주어진 단어를 이용하여 문장을 완성하세요. (필요하면 단어를 변경하세요.)

정답 및 해설 p.24

- rose 장미
- fast food 패스트푸드
- cute 귀여운
- pretty 꽤, 매우
- at night 밤에
- quietly 조용히

01 그 장미들은 정말로 아름답다. (really, be, beautiful)

→ The roses _____are really beautiful_____ .

02 그녀는 결코 패스트푸드를 먹지 않는다. (never, fast food, eat)

→ She _____ .

03 우리는 보통 아침식사로 빵을 먹는다. (eat, usually, bread)

→ We _____ for breakfast.

04 Jack은 항상 열심히 공부한다. (study, always, hard)

→ Jack _____ .

05 나의 아버지는 차를 조심스럽게 운전하신다. (drive, carefully, a car)

→ My father _____ .

06 그 아기는 매우 귀엽다. (be, cute, pretty)

→ The baby _____ .

07 그 문은 때때로 열려 있다. (sometimes, be, open)

→ The door _____ .

08 나는 자주 쇼핑몰에 간다. (often, a shopping mall, go to)

→ I _____ .

09 그는 밤에 거의 커피를 마시지 않는다. (seldom, coffee, drink, at night)

→ He _____ .

10 내 남동생은 일요일에 항상 박물관에 있다. (always, be, at the museum)

→ My brother _____ on Sunday.

11 그녀는 항상 그에게 조용히 말한다. (always, quietly, talk, to him)

→ She _____ .

12 Jane과 친구들은 행복하게 저녁을 먹고 있는 중이다. (eat, happily, dinner, be)

→ Jane and her friends _____ .

부사의 형태와 역할

부사는 형용사에 ly를 붙이지만 형용사와 모양이 같은 것도 있어 주의해야 합니다.

1 부사 만들기

형용사에 ly를 붙입니다.	kind → kind**ly** 친절한 친절하게 careful - careful**ly** 주의 깊은 주의 깊게	safe → safe**ly** 안전한 안전하게 bad - bad**ly** 나쁜 서투르게	quick - quick**ly** 빠른 빠르게 sad - sad**ly** 슬픈 슬프게
「자음+y」로 끝나는 형용사는 y를 i로 고치고 ly를 붙입니다.	easy → eas**ily** 쉬운 쉽게 happy - happ**ily** 행복한 행복하게	lucky → luck**ily** 운 좋은 운 좋게 heavy → heav**ily** 무거운 심하게	busy → bus**ily** 바쁜 바쁘게 dirty → dirt**ily** 더러운 더럽게
le로 끝나는 형용사는 le를 ly로 바꾸어줍니다.	simple → simp**ly** 단순한 단순하게	gentle → gent**ly** 온화한 온화하게	subtle → subt**ly** 미묘한 미묘하게

> **plus 1**
> good(훌륭한)의 부사 형태는 well(잘, 훌륭하게)입니다.

2 부사와 형용사가 형태가 같은 것

형용사	예문	부사	예문
fast 빠른	He is **fast**. 그는 빠르다. (상태)	fast 빠르게	He runs **fast**. 그는 빠르게 달리다. (동작)
early 이른	I eat an **early** breakfast. 나는 이른 아침을 먹는다. (명사 수식)	early 일찍	I get up **early**. 나는 일찍 일어난다. (동사 수식)
late 늦은	She is always **late**. 그녀는 항상 늦는다. (상태)	late 늦게	He comes home **late** in the evening. 그는 밤늦게 집에 온다. (동작)
hard 열심인	He is a **hard** worker. 그는 열심히 일하는 사람이다.	hard 열심히	She studies **hard**. 그녀는 열심히 공부한다. (동사 수식)
high 높은	The house has a **high** wall. 그 집은 높은 담을 가지고 있다.	high 높게	Tom jumps **high**. Tom은 높이 점프한다. (동사 수식)

> **plus 2**
> hard는 형용사로 '어려운', '힘든'이란 의미도 있습니다.
> The question is so **hard**. 그 질문은 매우 어렵다.

3 부사의 역할

동사 수식	He **runs fast**. 그는 빠르게 달린다. *부사 fast가 동사 run을 뒤에서 수식합니다.
형용사 수식	I eat a **very early** breakfast. 나는 매우 이른 아침을 먹는다. *부사 very가 형용사 early를 앞에서 수식합니다.
부사 수식	She studies **very hard**. 그녀는 매우 열심히 공부한다. *부사 very는 다른 부사 hard를 앞에서 수식합니다.

Warm up

● 다음 형용사의 부사형을 쓰세요.

정답 및 해설 p.24

01	happy	happily
02	quick	
03	sad	
04	real	
05	easy	
06	heavy	
07	kind	
08	fast	
09	good	
10	late	
11	slow	
12	hard	
13	safe	
14	final	finally
15	bad	

16	early	
17	high	
18	careful	
19	simple	simply
20	sudden	
21	usual	
22	honest	
23	loud	
24	beautiful	
25	clear	
26	lucky	luckily
27	quiet	
28	wise	
29	true	truly
30	busy	

 Words · truly 진심으로 · finally 결국에 · quiet 조용한 · luckily 운좋게 · simply 간단하게

First Step

1 다음 괄호 안에서 알맞은 말을 고르세요.

정답 및 해설 p.24

 Words

- safe 안전한
- city 도시
- gentle 온화한
- open 열다
- health 건강
- sleep 잠을 자다
- driver 운전자
- catch 잡다
- final exam 기말시험
- smile 미소 짓다

01 They work (hard / hardly).

02 He speaks so (quick / quickly).

03 She and I are (happy / happily) now.

04 The children play (happy / happily) in the room.

05 I always drive (safe / safely).

06 We live in a (safe / safely) city.

07 Open the door (careful / carefully).

08 My father is very kind and (gentle / gently).

09 Milk is very (good / well) for our health.

10 I sleep very (good / well).

11 They are (good / well) drivers.

12 He and I catch fish (easy / easily).

13 My brother sings (bad / badly).

14 The final exam is not (easy / easily).

15 The baby smiles (beautiful / beautifully).

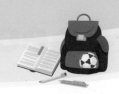

2 다음 주어진 단어를 이용하여 빈칸에 알맞은 부사를 쓰세요.

정답 및 해설 p.25

Words

· along ~을 따라
· noodle 국수
· Italian food
  이탈리아 음식
· delicious 맛있는
· change 바꾸다
· mind 마음
· suddenly 갑자기
· laugh 웃다
· use 사용하다
· wisely 현명하게
· during ~동안
· summer 여름

01 He always gets up _____late_____. (late)

02 The animal runs _____. (fast)

03 My son walks _____ along the beach. (slow)

04 Ellen eats noodles very _____. (quick)

05 The Italian food is _____ delicious. (real)

06 The concert starts _____ in the morning. (early)

07 My mom works really _____. (hard)

08 Mike swims very _____. (good)

09 My father changes his mind _____. (sudden)

10 She finishes her homework _____. (easy)

11 Don't laugh _____ in the library. (loud)

12 Thomas uses his money _____. (wise)

13 My cat _____ goes into my room. (quiet)

14 Jackson is opening the boxes _____. (careful)

15 It rains _____ during summer. (heavy)

Second Step

1 다음 주어진 단어를 이용하여 빈칸에 알맞은 말을 쓰세요.

정답 및 해설 p.25

- learner 학습자
- elevator 엘리베이터
- listen 듣다
- husband 남편
- cook 요리하다

01 quick

She is a _____quick_____ learner.

She eats breakfast _____quickly_____.

02 slow

It is a _____ elevator.

He walks to the classroom _____.

03 early

I take an _____ bus.

She gets up _____.

04 careful

She is a _____ person.

Listen _____.

05 kind

My teacher is _____.

My teacher teaches me English _____.

06 happy

Jack is _____.

Jack lives _____ in Canada.

07 good

I know a _____ restaurant.

She cooks very _____.

08 hard

She's a very _____ worker.

Korean students study very _____.

2 다음 밑줄 친 부분을 바르게 고쳐 쓰세요.

정답 및 해설 p.25

01 He swims <u>good</u>.　　　　　→ ___well___

02 He is a <u>slowly</u> learner.　　→ _____

03 My teacher is very <u>kindly</u>.　→ _____

04 My father drives <u>careful</u>.　→ _____

05 My son studies history <u>hardly</u>.　→ _____

06 I <u>usual</u> go to bed late.　　→ _____

07 My uncle is <u>well</u> at baseball.　→ _____

08 His English test score is <u>badly</u>.　→ _____

09 She talks to kids <u>gentle</u>.　→ _____

10 Sara is a very <u>carefully</u> girl.　→ _____

11 The English test is <u>easily</u>.　→ _____

12 She runs very <u>fastly</u>.　　→ _____

13 Open your books <u>quick</u>.　→ _____

14 My grandfather always eats food <u>slow</u>.　→ _____

15 They are singing <u>happy</u> on the stage.　→ _____

Words

- learner 학습자
- drive 운전하다
- history 역사
- score 점수
- kid 아이
- gentle 부드러운
- open 열다, 펴다
- stage 무대

Third Step

부사 문장 완성하기

🍎 다음 영어를 우리말로 쓰고, 괄호 안에서 밑줄 친 단어의 쓰임을 고르세요.

정답 및 해설 p.26

Words

- hard 어려운, 힘든
  열심히 하는, 열심히
- move 움직이다
- tail 꼬리
- late 늦은, 늦게
- worker
  일하는 사람, 노동자

01 She works so hard.   (부사)/ 형용사)

→ _____ 그녀는 매우 열심히 일한다. _____

The question is so hard.   (부사 /형용사)

→ _____ 그 문제는 매우 어렵다. _____

02 The dog moves his tail fast.   (부사 / 형용사)

→ _____

The dog is very fast.   (부사 / 형용사)

→ _____

03 That mountain is very high.   (부사 / 형용사)

→ _____

The bird flies high in the sky.   (부사 / 형용사)

→ _____

04 I go to bed late.   (부사 / 형용사)

→ _____

Jack is always late for school.   (부사 / 형용사)

→ _____

05 They go to school early in the morning.   (부사 / 형용사)

→ _____

I get up in the early morning.   (부사 / 형용사)

→ _____

06 She's a very hard worker.   (부사 / 형용사)

→ _____

She always studies hard.   (부사 / 형용사)

→ _____

🎁Writing Step

🍎 **주어진 단어를 이용하여 문장을 완성하세요. (필요하면 단어를 변경하세요.)**

Words 📖

- fall asleep 잠들다
- plane 비행기
- want 원하다
- fast 빠른
- meeting 회의
- fish 생선

01 나의 할머니는 일찍 일어나신다. (early, get up)

→ My grandmother _____ gets up early _____.

02 나는 매우 쉽게 잠든다. (fall asleep, easily, very)

→ I _____.

03 그녀는 항상 아침에 일찍 일어난다. (very, get up, early)

→ She always _____ in the morning.

04 그 비행기는 매우 높이 날고 있는 중이다. (fly, high, very)

→ The plane is _____.

05 Jenny는 빠른 자동차를 원한다. (want, a, car, fast)

→ Jenny _____.

06 Susie는 피아노를 매우 잘 친다. (play, very, well, the piano)

→ Susie _____.

07 그녀는 항상 회의에 늦는다. (always, for the meeting, late)

→ She is _____.

08 지금 비가 심하게 내리고 있다. (raining, is, heavy)

→ It _____ now.

09 그는 항상 돈을 현명하게 사용한다. (money, uses, wise)

→ He always _____.

10 그들은 조용히 피자를 먹고 있는 중이다. (eat, pizza, quiet)

→ They _____.

11 나의 친구들을 영어를 열심히 공부한다. (study, very, English, hard)

→ My friends _____.

12 내 아버지는 집에 늦게 오신다. (home, come, late)

→ My father _____.

Final Step

1 다음 밑줄 친 부분을 바르게 고쳐 문장을 다시 쓰세요.

정답 및 해설 p.26

01 They <u>real</u> want the computers.

→ _____They really want the computers._____

02 Sara plays the piano <u>bad</u>.

→ _____

03 It snows <u>heavy</u> in winter.

→ _____

04 They are always <u>happily</u>.

→ _____

05 The box is so <u>heavily</u>.

→ _____

06 The boys speak English very <u>good</u>.

→ _____

07 They sometimes eat dinner <u>lately</u>.

→ _____

08 Mr. Johnson teaches me math <u>easy</u>.

→ _____

09 The wind blows <u>gentle</u>.

→ _____

10 They <u>watch seldom</u> TV on Sunday.

→ _____

11 They answer my questions <u>loud</u>.

→ _____

12 She is singing a song <u>quiet</u>.

→ _____

- play the piano
  피아노 치다
- always 항상
- so 무척, 매우
- speak 말하다
- math 수학
- wind 바람
- blow 불다
- question 질문

2 다음 밑줄 친 부분을 바르게 고쳐 쓰세요.

정답 및 해설 p.26

Words

· clean 청소하다
· open 열다
· go to the movies
  영화 보러 가다
· every day 매일
· make a mistake
  실수하다
· subway 지하철
· health 건강

01 He cleans always his room.

→ _____ He always cleans his room. _____

02 They find my house easy.

→ _____

03 He opens the boxes careful.

→ _____

04 They go never to the movies.

→ _____

05 I play often tennis with Sam.

→ _____

06 We work happy every day.

→ _____

07 Cathy always is busy.

→ _____

08 My sister talks to me loud.

→ _____

09 We make often a mistake.

→ _____

10 They answer my questions kind.

→ _____

11 They take sometimes a subway to school.

→ _____

12 His health is not well.

→ _____

Exercise

[1-2] 다음 중 형용사와 부사가 잘못 짝지어진 것을 고르세요.

1 ① good – well   ② kind – kindly
   ③ late – late   ④ happy – happily
   ⑤ hard – hardly

2 ① easy – easyly   ② quick – quickly
   ③ simple – simply   ④ early – early
   ⑤ heavy – heavily

[3-4] 다음 중 밑줄 친 단어의 쓰임이 다른 것을 고르세요.

3 ① I get up early.
   ② They run fast.
   ③ She is often late for school.
   ④ He works hard.
   ⑤ My cat walks slowly.

4 ① The car is fast.
   ② He is a hard worker.
   ③ I eat an early breakfast.
   ④ The house has a high wall.
   ⑤ Tom jumps high.

Note

1 hardly 거의 ~않다
  hard의 형용사와 부사 형태를 생각하세요.

2 「자음+y」로 끝나는 형용사는 y를 i로 고치고 ly를 붙입니다.

3 부사는 동사와 형용사를 꾸며줍니다.

4 형용사는 명사를 꾸며주거나 주어를 보충 설명합니다.

5 다음 중 often이 들어갈 곳을 고르세요.

My parents ① take ② a walk ③ in ④ the morning ⑤.

6 다음 중 빈칸에 알맞은 말을 고르세요.

My brother is lazy.
He always gets up _____ in the morning.

① late　　　　② dirty　　　　③ kindly
④ slow　　　　⑤ early

[7-8] 다음 중 <u>잘못된</u> 문장을 고르세요.

7　① The boy always wears a hat.
　② She never is at home in the evening.
　③ Jessica dances well.
　④ We usually eat dinner at seven.
　⑤ He solves the problems easily.

8　① The food is real delicious.
　② She is pretty popular.
　③ Sam studies hard.
　④ The train is so fast.
　⑤ He sometimes makes a mistake.

Note

5 빈도부사는 be동사나 조동사 뒤에, 일반동사 앞에 위치합니다.

6 get up 일어나다

7 빈도부사가 있어야 할 위치를 확인하세요.

8 형용사를 수식하는 것은 부사입니다.

Exercise

[9-11] 다음 중 빈칸에 알맞지 <u>않은</u> 말을 고르세요.

9

We _____ eat pizza at night.

① never   ② sometimes   ③ kindly
④ seldom   ⑤ usually

9 빈도부사가 와야 합니다.

10

Jack is _____.

① sad   ② kind   ③ happy
④ gently   ⑤ handsome

10 빈칸에는 형용사만 올 수 있습니다.

11

He speaks English _____.

① good   ② well   ③ easily
④ slowly   ⑤ badly

11 동사를 수식하는 부사가 와야 합니다.

12 다음 중 우리말을 영어로 바르게 쓴 것을 고르세요.

나의 여동생은 자주 피자를 먹는다.

① My sister seldom eats pizza.
② My sister never eats pizza.
③ My sister always eats pizza.
④ My sister usually eats pizza.
⑤ My sister often eats pizza.

12 알맞은 빈도부사를 고르세요.

13 다음 중 빈칸에 공통으로 들어갈 수 <u>없는</u> 말을 고르세요.

> • She feels _____ good.
> • He uses chopsticks _____ well.

① so ② very ③ pretty
④ hard ⑤ quite

Note

13 pretty 꽤, 아주
quite 꽤, 아주

형용사 good과 부사 well을 수식하는 부사를 찾으세요.

14 다음 중 밑줄 친 말 대신 사용할 수 있는 것을 고르세요.

> The water is <u>very</u> hot.

① quick ② too ③ hard
④ high ⑤ heavily

14 very는 '매우'라는 의미입니다.

[15–16] 다음 우리말과 의미가 같도록 문장을 완성하세요.

15

> 우리는 <u>보통</u> 저녁식사 후 TV를 본다.

→ We _____ _____ TV after dinner.

15 빈도부사를 사용하세요.

16

> 나의 아버지는 매우 <u>조심스럽게</u> 운전을 하신다.

→ My father drives very _____.

미국의 *landmark*
Golden Gate Bridge

Golden Gate Bridge 또는 금문교는 미국 캘리포니아 주 골든게이트 해협에 위치한 현수교로 캘리포니아 주 샌프란시스코와 캘리포니아 주 마린 군(Marin County)을 연결하고 있습니다. 총길이 1,280m인 이 다리는 높이 227m의 탑들에서 늘어뜨린 2줄의 케이블에 매달려 있습니다.

Golden Gate Bridge는 1931년 1월 5일 착공하였으며, 1937년 4월 완공되었습니다. 1937년 완성되었을 때 이 다리가 가장 큰 다리였으며, 그 이후 샌프란시스코의 상징이 되었습니다.

Chapter 7

전치사

Word Check

☐ airport	☐ bakery	☐ bridge	☐ dawn	☐ December
☐ fall	☐ festival	☐ flea market	☐ forest	☐ garage
☐ hang	☐ midnight	☐ post office	☐ result	☐ scissors
☐ station	☐ tourist	☐ tunnel	☐ turn	☐ vacation

UNIT 01 시간, 장소 전치사

전치사는 명사나 대명사 앞에 쓰여, 장소, 시간, 방향 등을 나타냅니다.

❶ 시간을 나타내는 전치사 Ⅰ

at	~에 (구체적인 시간, 하루의 때)	**at** seven 7시에　　　　**at** noon 정오에 **at** night 밤에　　　　**at** dawn 새벽에 **at** midnight 한밤중에
on	~에(날짜, 요일)	**on** April, 1 4월 1일에　　**on** Monday 월요일에
in	~에 (오전, 오후, 저녁, 월, 계절, 연도에 사용)	**in** the morning 아침에　　**in** the evening 저녁에 **in** 2016 2016년에　　**in** December 12월에 **in** winter 겨울에　　**in** spring 봄에

❷ 시간을 나타내는 전치사 Ⅱ

before	~전에	**before** dinner 저녁식사 전에 **before** class 수업 전에
after	~후에	**after** lunch 점심식사 후에 **after** school 방과 후에
for	~하는 동안(숫자를 포함한 정 확한 기간이 for 다음에 온다.)	**for** two hours 2시간 동안 **for** three months 세 달 동안
during	~하는 동안 (특정한 때를 나타 내는 명사가 온다.)	**during** summer vacation 여름방학 동안 **during** (the) winter 겨울 동안

❸ 장소를 나타내는 전치사

at	~에(특별한 장소나 비교적 좁은 장소에 쓰인다.)	**at** home 집에　　　　**at** Seoul station 서울역에 **at** the bus stop 버스 정류장에
in	~안에(비교적 넓은 장소나 공간의 내부를 나타낸다.)	**in** the classroom 교실 안에서 (공간의 내부) **in** Seoul 서울에서　　**in** Canada 캐나다에서

Warm up

● 다음 괄호 안에서 알맞은 말을 고르세요.

정답 및 해설 p.27

01 We play baseball (on / (in)) the evening.
우리는 저녁에 야구를 한다.

02 They take a nap (after / about) lunch.
그들은 점심식사 후 낮잠을 잔다.

03 My uncle lives (at / in) Seoul.
나의 삼촌은 서울에 산다.

04 They usually watch TV (at / in) night.
그들은 보통 밤에 TV를 본다.

05 I have a history class (in / on) Tuesday.
나는 화요일에 역사 수업이 있다.

06 Kevin always reads a book (in / after) dinner.
Kevin은 저녁식사 후 항상 책을 읽는다.

07 There is a bookstore (in / for) the mall.
쇼핑몰 안에 서점이 있다.

08 The bank closes (in / at) six o'clock.
그 은행은 6시에 문을 닫는다.

09 Sara takes a shower (at / for) ten minutes.
Sara는 10분 동안 샤워를 한다.

10 The students go to the beach (after / to) school.
그 학생들은 방과 후 해변에 간다.

11 Leaves turn red and yellow (at / in) fall.
가을에 나뭇잎들은 빨간색과 노란색으로 바뀐다.

12 We take a vacation (for / during) two months.
우리는 두 달 동안 휴가를 간다.

Words

· baseball 야구
· nap 낮잠
· history 역사
· class 수업
· bookstore 서점
· Tuesday 화요일
· fall 가을
· turn 바뀌다
· vacation 휴가

1 다음 영어를 우리말로 쓰세요.

정답 및 해설 p.27

01 in the morning　→　아침에

02 in the afternoon　→

03 in 2011　→

04 in October　→

05 in summer　→

06 at nine　→

07 at the airport　→

08 on March, 25　→

09 on Sunday　→

10 before class　→

11 after work　→

12 for three months　→

13 during winter vacation　→

14 in Canada　→

15 at the bus stop　→

Words

· summer 여름
· airport 공항
· class 수업
· work 일, 노동
· month 달
· vacation 방학
· bus stop 버스 정류장

2 다음 빈칸에 알맞은 말을 쓰세요.

정답 및 해설 p.28

Words

· lunch time
  점심시간
· gym 체육관
· station 역
· concert 음악회
· dark 어둠
· class 수업

01　2016년에　　　　→ ___in___ 2016

02　10시 30에　　　　→ _____ 10:30

03　10년 동안　　　　→ _____ 10 years

04　점심시간 동안　　→ _____ lunch time

05　체육관 안에서　　→ _____ the gym

06　서울역에[서]　　　→ _____ Seoul station

07　홍콩에[서]　　　　→ _____ Hongkong

08　저녁에　　　　　　→ _____ the evening

09　음악회 전에　　　→ _____ the concert

10　11월에　　　　　　→ _____ November

11　밤에　　　　　　　→ _____ night

12　토요일에　　　　　→ _____ Saturday

13　어두워지기 전에　→ _____ dark

14　여름에　　　　　　→ _____ summer

15　영어수업 동안　　→ _____ English class

Second Step 시간과 장소 전치사 쓰임 이해하기

1 다음 빈칸에 알맞은 말을 쓰세요.

정답 및 해설 p.28

Words

- vacation 휴가
- at night 밤에
- park 공원
- garden 정원
- take a walk 산책하다
- beach 해변
- dawn 새벽

01 Sam goes jogging _____in_____ the morning.

Sam은 아침에 조깅을 한다.

02 They go to Europe _____ summer vacation.

그들은 여름방학 동안 유럽에 간다.

03 I sleep well _____ night.

나는 밤에 잠을 잘 잔다.

04 I usually go to the park _____ Sunday.

나는 보통 일요일에 공원에 간다.

05 Jim plays computer games _____ school.

Jim은 방과 후 컴퓨터게임을 한다.

06 A tree is _____ my garden.

나무 한 그루가 내 정원에 있다.

07 I take a walk _____ an hour after breakfast.

나는 아침식사 후에 한 시간 동안 산책한다.

08 She takes a guitar lesson _____ the evening.

그녀는 저녁에 기타 레슨을 받는다.

09 Many people go to the beach _____ summer.

많은 사람들은 여름에 해변에 간다.

10 There is a sofa _____ the living room.

거실에 소파가 있다.

11 I have an English class _____ Tuesday.

나는 화요일에 영어 수업이 있다.

12 The fish market opens _____ dawn.

수산시장은 새벽에 열린다.

2 다음 빈칸에 알맞은 말을 쓰세요.

01 I take a walk _____in_____ the evening.
나는 저녁에 산책을 한다.

02 Jessica goes to bed _____ 10 o'clock.
Jessica는 10시에 잠을 잔다.

03 I brush my teeth _____ breakfast.
나는 아침식사 후 이를 닦는다.

04 My mother is not _____ home now.
엄마는 지금 집에 안 계신다.

05 Let's take a break _____ ten minutes
10분간 쉬었다 합시다.

06 He washes his hands _____ meals
그는 식사 전에 손을 씻는다.

07 They practice volleyball _____ the afternoon.
그들은 오후에 배구 연습을 한다.

08 We always go camping _____ spring.
우리는 봄에 항상 캠핑을 간다.

09 Some stores open _____ midnight
일부 가게들은 한밤중에 문을 연다.

10 Many tourists visit our town _____ the festival.
축제기간 동안 많은 관광객들이 우리 마을을 방문한다.

11 The flea market always opens _____ Friday.
벼룩시장은 항상 금요일에 열린다.

12 They work _____ the airport.
그들은 공항에서 일한다.

Words

· brush 닦다
· take a break 쉬다
· minute 분
· meal 식사
· practice 연습하다
· volleyball 배구
· midnight 자정
· tourist 관광객
· town 마을
· festival 축제
· flea market 벼룩시장
· airport 공항

Third Step

우리말과 일치하도록 주어진 말을 이용하여 문장을 완성하세요.

정답 및 해설 p.28

· beauty shop
　미장원

· stay 머무르다

· dawn 새벽

01 I always come home ___before___ ___dinner___ .
나는 항상 저녁식사 전에 집에 온다. (dinner)

02 They practice basketball _____ _____ _____.
그들은 오후에 농구 연습을 한다. (afternoon)

03 We don't go to school _____ _____.
우리는 토요일에 학교에 가지 않는다. (Saturdays)

04 The beauty shop closes _____ _____.
그 미장원은 9시에 문을 닫는다. (09:00)

05 The girls are dancing _____ _____.
그 소녀들이 집에서 춤을 추고 있다. (home)

06 The actress is staying _____ _____ now.
그 여배우는 지금 런던에 머물고 있다. (London)

07 They are swimming _____ _____ _____.
그들은 강에서 수영을 하고 있다. (the river)

08 Daniel is eating cookies _____ _____ _____.
Daniel은 부엌에서 과자를 먹고 있다. (the kitchen)

09 My parents get up _____ _____.
나의 부모님은 새벽에 일어나신다. (dawn)

10 I usually watch TV _____ _____ _____ every day.
나는 매일 3시간 동안 TV를 본다. (three hours)

11 I have a test _____ _____.
나는 11월에 시험이 있다. (November)

12 The park will open _____ _____.
그 공원은 2018년에 개장할 것이다. (2018)

Writing Step

주어진 단어와 전치사를 이용하여 문장을 완성하세요.

Words

- station 역
- go on a picnic 소풍 가다
- spring 봄
- dark 어둠, 밤
- December 12월
- season 시즌
- go skiing 스키 타러 가다
- butterfly 나비

01 그는 10시 30분에 잠자러 간다. (goes to, bed)

→ He _____goes to bed at_____ 10:30.

02 나의 아버지는 지금 서울역에 계시다. (now, Seoul station)

→ My father is _____.

03 우리는 가을에 자주 소풍을 간다. (often, go on a picnic, fall)

→ We _____.

04 나의 여동생은 어두워지기 전에 집에 온다. (comes, dark, home)

→ My sister _____.

05 12월에는 31일이 있다. (are, 31 days, December)

→ There _____.

06 여름에는 비가 많이 내린다. (rains, heavily, summer)

→ It _____.

07 야구 시즌이 4월에 시작한다. (starts, April)

→ The baseball season _____.

08 그녀는 그녀의 방에서 책을 읽고 있다. (is reading, her room, a book)

→ She _____.

09 Jessica는 3일 동안 휴가를 간다. (takes, three days, a vacation)

→ Jessica _____.

10 그녀와 나는 겨울방학 동안 스키를 타러 간다. (winter vacation, go skiing)

→ She and I _____.

11 우리는 항상 밤에 TV를 본다. (always, TV, watch, night)

→ We _____.

12 봄에 우리는 많은 나비들을 본다. (see, butterflies, spring, many)

→ We _____.

위치를 나타내는 전치사

위치를 나타내는 전치사는 각 전치사의 쓰임을 제대로 이해하는 것이 필요합니다.

① 위치를 나타내는 전치사

on	~ 위에(접촉해서 위)	**on** the table 식탁 위에 **on** the wall 벽 위에
over	~ 위에 (떨어져서) ~ 위로	**over** my head 내 머리 위로 **over** the desk 책상 위에
in front of	~ 앞에	**in front of** the park 공원 앞에 **in front of** the school 학교 앞에
near	~ 근처에	**near** the house 집 근처에 **near** the river 강 근처에
between A and B between+복수명사	A와 B 사이에 ~ 사이에	**between** Jack **and** Tom Jack과 Tom 사이에 **between** the two countries 두 나라 사이에
under	~ 아래에(떨어져서)	**under** the desk 책상 아래에 **under** the chair 의자 아래에
behind	~ 뒤에	**behind** the tree 나무 뒤에 **behind** the chair 의자 뒤에
next to	~ 바로 옆에	**next to** him 그 바로 옆에 **next to** the library 도서관 옆에
out	~ 바깥에	**out** the window 창밖에 **out** the door 문 밖으로
across from	~ 맞은편에 ~ 건너편에	**across from** the bakery 제과점 건너편에 **across from** the woman 여자 건너편에

② 기타 전치사

plus

걸어서 가는 경우에는 by 대신 on을 사용합니다.
They go to school **on** foot. 그들은 걸어서 학교에 간다.

about	~에 대해	**about** Korea 한국에 대해	**about** her 그녀에 대해
with	~와 함께, ~을 가지고	**with** my dog 내 개와 함께	**with** a pencil 연필을 가지고
for	~ 을 위해	**for** my mom 나의 엄마를 위해	**for** me 나를 위해
to	~으로, ~에게	**to** my house 나의 집으로	**to** him 그에게
by	~로(교통수단이 by 다음에 온다.) *by 다음에 관사가 오지 않는다.	**by** bus 버스로	**by** subway 지하철로

Warm up

● 다음 괄호 안에서 알맞은 말을 고르세요.

정답 및 해설 p.28

Words

- clock 시계
- wall 벽
- about ~에 대한
- sleep 자다
- street 거리
- cut 자르다
- scissors 가위
- lamp 등
- hang 매달리다

01 I take a walk (with / to) my dog.
나는 나의 개와 함께 산책을 한다.

02 There is a clock (on / in) the wall.
벽에 시계가 있다.

03 This book is (about / in) flowers.
이 책은 꽃에 관한 책이다.

04 A dog is sleeping (at / under) the chair.
개가 의자 밑에서 자고 있다.

05 A cat is running (with / to) the street.
고양이가 도로 쪽으로 달려가고 있다.

06 Jim is cutting the paper (with / to) scissors.
Jim이 가위로 종이를 자르고 있다.

07 A girl is standing (on / behind) the bench.
한 소녀가 벤치 뒤에 서 있다.

08 A lamp is hanging (over / on) the desk.
등이 책상 위에 매달려 있다.

09 I want to know (about / in) Korea.
나는 한국에 대해 알고 싶다.

10 There are many trees (about / near) the park.
공원 근처에 많은 나무들이 있다.

11 His sister is playing (with / to) a ball.
그의 여동생은 공을 가지고 놀고 있다.

12 There is a book (on / under) the table.
식탁 위에 책이 있다.

First Step

1 다음 영어를 우리말로 쓰세요.

정답 및 해설 p.28

01 about cars → _____자동차들에 관해_____

02 by ship → _____

03 for my friend → _____

04 next to the bank → _____

05 behind the sofa → _____

06 near the tunnel → _____

07 between the two buildings → _____

08 across from the hospital → _____

09 in front of the movie theater → _____

10 on the floor → _____

11 by subway → _____

12 under the bridge → _____

13 between a man and a woman → _____

14 with a knife → _____

15 to the mountain → _____

Words

· ship 배
· tunnel 터널
· building 건물
· hospital 병원
· movie theater 극장
· floor 마루, 바닥
· subway 지하철
· bridge 다리
· knife 칼

2 다음 빈칸에 알맞은 말을 쓰세요.

정답 및 해설 p.28

01 공원 앞에   → ___in front of___ the park

02 집 근처에   → _____ the house

03 책과 연필 사이에 → _____ the book and the pencil

04 의자 아래에   → _____ the chair

05 그녀에 대해   → _____ her

06 창밖에   → _____ the window

07 내 개와 함께   → _____ my dog

08 도서관 옆에   → _____ the library

09 두 나라 사이에   → _____ the two countries

10 버스로   → _____ bus

11 연필을 가지고   → _____ a pencil

12 제과점 건너편에   → _____ the bakery

13 내 머리 위로   → _____ my head

14 나무 뒤에   → _____ the tree

15 나의 부모님을 위해 → _____ my parents

Words

· park 공원
· window 창문
· library 도서관
· country 나라
· bakery
  빵집, 제과점

Second Step

1 다음 빈칸에 알맞은 말을 쓰세요.

정답 및 해설 p.28

01 There are two boxes _____under_____ the bed.
침대 밑에 두 개의 상자가 있다.

02 Your cell phone is _____ the table.
너의 휴대폰은 식탁 위에 있다.

03 Jane is dancing _____ her father.
Jane은 아버지와 춤을 추고 있다.

04 Lisa is looking _____ the window.
Lisa는 창밖을 바라보고 있다.

05 Many boats are _____ the bridge.
많은 보트들이 다리 밑에 있다.

06 There are many leaves _____ the roof.
지붕 위에 많은 낙엽들이 있다.

07 The bank is _____ from the bakery.
은행은 제과점 건너편에 있다.

08 My father sometimes buys roses _____ my mom.
나의 아버지는 가끔 엄마를 위해 장미를 사신다.

09 They go to work _____ subway.
그들은 지하철로 직장에 간다.

10 The girl is sitting _____ the sofa.
그 소녀가 소파 뒤에 앉아 있다.

11 Jane is standing _____ two cars.
Jane은 두 자동차 사이에 서 있다.

12 Tom is parking _____ the garage.
Tom은 차고 옆에 주차하고 있다.

Words

- dance 춤추다
- look out 밖을 보다
- boat 보트, 배
- bridge 다리
- roof 지붕
- bakery 빵집, 제과점
- rose 장미
- park 주차하다
- garage 차고

2 다음 빈칸에 알맞은 말을 쓰세요.

정답 및 해설 p.28

Words

- picture 사진, 그림
- wall 벽
- fly 날다
- roof 지붕
- draw 그리다
- garden 정원
- result 결과
- let's+동사원형
  ~하자
- subway 지하철
- station 역
- beach 해변

01 There is a picture _____ on _____ the wall.

벽에 사진이 한 점 있다.

02 Birds are flying _____ the roof.

지붕 위로 새들이 날아가고 있다.

03 There is a car _____ two houses.

자동차가 두 집 사이에 있다.

04 Lisa is standing _____ my mom.

Lisa는 내 엄마 옆에 서 있다.

05 She is drawing a picture _____ crayons.

그녀는 크레용을 가지고 그림을 그리고 있다.

06 There is a garden _____ his house.

그의 집 뒤에 정원이 있다.

07 They are talking _____ the test results.

그들은 시험결과에 대해 얘기하고 있다.

08 Let's run _____ the subway station.

지하철역으로 뛰어가자.

09 There is a shopping mall _____ the station.

역 근처에 쇼핑몰이 있다.

10 Emma and Jane go to the beach _____ bus.

Emma와 Jane은 버스 타고 해변에 간다.

11 Many balloons are flying _____ the sky.

많은 풍선들이 하늘로 날아가고 있다.

12 We don't know _____ you.

우리는 당신에 대해 아는 것이 없다.

Third Step

🍎 다음 밑줄 친 부분을 우리말에 맞게 바르게 고쳐 쓰세요.

정답 및 해설 p.28

Words

- painting 그림
- bus stop 버스 정류장
- museum 박물관
- knife 칼
- toy 장난감
- on foot 걸어서

01 My father is <u>on</u> the tree. → behind

아버지는 나무 뒤에 계시다.

02 There is a painting <u>at</u> the wall. → _____

벽에 그림이 있다.

03 Amy is waiting for a bus <u>to</u> the bus stop. → _____

Amy는 버스 정류장에서 버스를 기다리고 있다.

04 We go to the museum <u>in</u> subway. → _____

우리는 지하철로 박물관에 간다.

05 Sophia is painting <u>in</u> a brush. → _____

Sophia는 붓으로 그림을 그리고 있다.

06 People are sitting <u>between</u> the hotel. → _____

사람들이 호텔 앞에 앉아 있다.

07 She is reading a book <u>to</u> Korea. → _____

그녀는 한국에 대한 책을 읽고 있다.

08 I cut bread <u>in</u> a knife. → _____

나는 칼로 빵을 자른다.

09 They are buying some chocolate <u>with</u> their mother.

그들은 어머니를 위해 초콜릿을 사고 있다. → _____

10 She is sitting <u>between</u> her father. → _____

그녀는 아버지 옆에 앉아 있다.

11 Tom is playing <u>to</u> toys now. → _____

Tom은 지금 장난감들과 함께 놀고 있다.

12 He goes to school <u>by</u> foot. → _____

그는 걸어서 학교에 간다.

Writing Step

🍎 **주어진 단어와 전치사를 이용하여 문장을 완성하세요.**

Words

- forest 숲
- sit 앉다
- sleep 자다
- September 9월
- post office 우체국
- wash the dishes 설거지 하다
- garage 차고
- bridge 다리
- building 건물

01 James는 숲 근처에 산다. (lives, the forest)

→ James _____ lives near the forest _____ .

02 나의 여동생은 나의 친구들 사이에 앉아 있다. (sitting, is, my friends)

→ My sister _____ .

03 Susan은 항상 침대 위에서 잠을 잔다. (sleep, always, the bed)

→ Susan _____ .

04 나의 집 근처에 공원이 있다. (is, my house, a park)

→ There _____ .

05 그들은 지금 그에 대해 얘기하고 있는 중이다. (talking, are, him)

→ They _____ now.

06 Susie는 우체국으로 걸어가고 있는 중이다. (is, the post office, walking)

→ Susie _____ .

07 그녀는 엄마를 위해 설거지를 한다. (washes the dishes, her mom)

→ She _____ .

08 차고 앞에 자동차가 2대 있다. (the garage, are, two cars)

→ There _____ .

09 강 위에 다리가 있다. (is, the river, a bridge)

→ There _____ .

10 식당과 은행 사이에 커피숍이 있다. (is, a coffee shop)

→ There _____ the bank and the restaurant.

11 그는 내 옆에 앉지 않는다. (doesn't, sit, me)

→ He _____ .

12 그 건물 뒤에 카페가 있다. (a cafe, is, the building)

→ There _____ .

Final Step

1 다음 문장에서 잘못된 부분을 바르게 고쳐 쓰세요.

정답 및 해설 p.29

Words

- movie theater
  영화관
- glasses 안경
- jump 뛰다
- clean 청소하다
- river 강
- city 도시
- bookstore 서점
- butterfly 나비

01 The cats are sleeping on the bed.

on → under

고양이들이 침대 밑에서 자고 있다.

02 I am reading a book to Africa.

나는 아프리카에 관한 책을 읽고 있다.

03 The gym is between the movie theater.

그 체육관은 영화관 건너편에 있다.

04 His glasses are on the box.

그의 안경은 상자 옆에 있다.

05 The man is jumping under the fence.

남자가 울타리를 뛰어넘고 있다.

06 I am cleaning the house with my mom.

나는 엄마를 위해 집 청소를 하고 있다.

07 There is a long river in two cities.

두 도시 사이에 긴 강이 있다.

08 Tom is writing a letter for a pencil.

Tom은 연필을 가지고 편지를 쓰고 있다.

09 There is a bank in front of the bookstore.

서점 뒤에 은행이 있다.

10 We don't go to school in Saturday.

우리는 토요일에 학교에 가지 않는다.

11 There is a subway station in my house.

나의 집 근처에 지하철역이 있다.

12 A butterfly is flying on his head.

나비가 그의 머리 위로 날아가고 있다.

2 다음 문장에서 잘못된 부분을 바르게 고쳐 쓰세요.

정답 및 해설 p.29

01 His office is at the third floor.
그의 사무실은 3층에 있다.

at → on

02 There is a park over the hospital.
병원 근처에 공원이 있다.

03 A girl is standing to the tree.
한 소녀가 나무 아래에 서 있다.

04 A ball is from a box and a chair.
공이 상자와 의자 사이에 있다.

05 Sophia washes her hands for soap.
Sophia는 비누로 손을 씻는다.

06 We will live in Seoul during two years.
우리는 2년 동안 서울에 살 것이다.

07 They are talking for computer games.
그들은 컴퓨터게임에 대해 얘기하고 있다.

08 My mom is sleeping in the sofa.
엄마가 소파 위에서 주무시고 계신다.

09 His office is across to the bus stop.
그의 사무실은 버스 정류장 건너편에 있다.

10 He is running at his mom.
그는 엄마에게 달려가고 있다.

11 This gift is with you.
이 선물은 당신을 위한 것이다.

12 The show begins in 10 o'clock.
그 쇼는 10시에 시작한다.

Words

- floor 층, 바닥
- hospital 병원
- stand 서 있다
- ball 공
- soap 비누
- bus stop 버스 정류장
- gift 선물
- begin 시작하다

Exercise

15-16 Excellent   12-14 Good   9-11 Not bad   8 이하 Try Again

[1–3] 다음 중 빈칸에 알맞은 말을 고르세요.

Note

1

> The baby is sleeping _____ the bed.

① on　　　　② with　　　　③ between
④ for　　　　⑤ at

1 위치를 나타내는 전치사를 확인하세요.

2

> Many people visit Busan _____ August.

① on　　　　② in　　　　③ between
④ with　　　　⑤ after

2 August 8월

3

> They have breakfast _____ 7:00.

① about　　　　② in　　　　③ for
④ at　　　　⑤ on

3 시간 앞에 쓰는 전치사를 확인하세요.

4 다음 중 빈칸에 공통으로 들어갈 말을 고르세요.

> • My mom's birthday is _____ April.
> • My cousin lives _____ Canada.

① to　　　　② on　　　　③ in
④ at　　　　⑤ for

4 시간과 장소를 함께 나타내는 전치사를 확인하세요.

[5-6] 다음 중 빈칸에 들어갈 말이 바르게 짝지어진 것을 고르세요.

5

> • I sometimes wash the dishes _____ my mom.
> • There are five students _____ the gym.

① to – for　　② at – for　　③ in – in

④ for – to　　⑤ for – in

6

> • We go fishing _____ summer.
> • I often go shopping _____ my brother.

① in – in　　② for – in　　③ in – with

④ on – with　　⑤ to – with

[7-8] 다음 중 우리말을 영어로 바르게 쓴 것을 고르세요.

7

> 그들은 자전거를 타고 출근을 한다.

① They go to work in a bicycle.
② They go to work by a bicycle.
③ They go to work in a bicycle.
④ They go to work with a bicycle.
⑤ They go to work by bicycle.

8

> 나는 아침에 20분 동안 샤워를 한다.

① I take a shower for 20 minutes in the morning.
② I take a shower for 20 minutes at the morning.
③ I take a shower during 20 minutes in the morning.
④ I take a shower for 20 minutes on the morning.
⑤ I take a shower during 20 minutes at the morning.

Note

5 wash the dishes
설거지하다

6 전치사 with는 '~와 함께'라
는 의미가 있습니다.

8 during은 '특정기간' 앞에 오
고, for는 '수를 동반한 기간'
앞에 옵니다.

Exercise

[9-10] 다음 중 밑줄 친 것이 잘못된 것을 고르세요.

9　① David is <u>in</u> his room.
　② She is swimming <u>with</u> her friend.
　③ I am very busy <u>in</u> night.
　④ A rabbit is running <u>to</u> the door.
　⑤ My friend lives <u>in</u> Seoul.

9 시간을 나타내는 전치사를 확인하세요.

10　① She is reading a book <u>about</u> Korea.
　② My cat is sleeping <u>under</u> the sofa.
　③ I go to the library <u>in</u> Saturday.
　④ She often buys a cake <u>for</u> her sister.
　⑤ They watch TV <u>after</u> dinner.

10 요일 앞에 붙는 전치사를 확인하세요.

11　다음 중 빈칸에 들어갈 말이 다른 것을 고르세요.

　① The drugstore opens _____ 10 o'clock.
　② My uncle lives _____ Hongkong.
　③ We play soccer _____ the afternoon.
　④ Korea is very cold _____ winter.
　⑤ I take a shower _____ the morning.

11 전치사 in과 at의 쓰임을 확인하세요.

12　다음 중 빈칸에 들어갈 수 없는 것을 고르세요.

> There are two apples _____ the box.

　① in　　　　　② next to　　　　③ on
　④ with　　　　⑤ in front of

12 위치를 나타내는 전치사가 아닌 것을 고르세요.

[13-14] 다음 문장의 <u>잘못된</u> 부분을 바르게 고쳐 쓰세요.

Note

13

> The boy is sitting next my friend.

→ _____

13 next to ~옆에

14

> Seoul is very hot at August.

→ _____

14 달 앞에 쓰는 전치사를 확인하세요.

[15-16] 다음 빈칸에 알맞은 말을 쓰세요.

15

> 나의 학교는 은행 건너편에 있다.

→ My school is _____ _____ the bank.

16

> 나는 매일 두 시간씩 영어 공부를 한다.

→ I study English _____ two hours every day.

16 during은 '특정기간' 앞에 오고, for는 '수를 동반한 기간' 앞에 옵니다.

미국의 *landmark*

Space Needle

Space Needle은 미국 워싱턴 주 시애틀에 위치한 탑입니다. 그 이름에서도 알 수 있듯이 긴 바늘 위에 외계의 비행물체가 착륙해 있는 듯한 모습을 하고 있으며, 시애틀을 상징하는 건축물입니다. 시애틀 센터에 위치해 있는 이 탑은 1962년 세계 박람회를 위해 지어졌는데 당시 하루에 거의 20,000명의 사람들이 승강기를 이용하였으며, 2,300,000명 이상의 방문자들이 세계 박람회를 관람했다고 합니다. 스페이스 니들의 높이는 184m이며 전망대까지 엘리베이터를 타고 40초면 도달할 수 있다고 합니다.

Chapter 8

수량을 나타내는 형용사

Word Check

☐ air	☐ bowl	☐ cafeteria	☐ care	☐ desert
☐ drawer	☐ hall	☐ holiday	☐ information	☐ insect
☐ musician	☐ pain	☐ passenger	☐ pet	☐ relative
☐ seafood	☐ spend	☐ tank	☐ waste	☐ wire

some, any와 many, much

수량을 나타낸다는 말은 많고 적음을 나타낸다는 뜻으로 영어에는 다양한 표현들이 있습니다.

❶ some과 any

some과 any는 '몇몇의', '약간의', '조금'이라는 의미로 복수명사와 셀 수 없는 명사(단수명사)를 꾸며줍니다.

some+복수명사/셀 수 없는 명사 (긍정문에 사용)	She has **some** apples. 그녀는 **사과 몇 개**를 가지고 있다. She has **some** money. 그녀는 **돈이 좀** 있다. (셀 수 없는 명사)
any+복수명사/셀 수 없는 명사 (부정문이나 의문문에 사용)	She doesn't have **any** books. 그녀는 책이 **조금도** 없다. She doesn't have **any** money. 그녀는 돈이 **조금도** 없다. (셀 수 없는 명사) Do you have **any** money? 너는 돈이 **좀** 있니? (의문문)

plus 1

권유나 요구, 부탁을 나타낼 때는 의문문의 형태이지만 some을 사용합니다.

Would you like **some** milk? 우유 좀 마실래?(권유)

❷ many와 much

many와 much는 '많은'이라는 의미이며, 명사 앞에서 명사를 꾸며주는 형용사 역할을 합니다.

many+복수명사	**Many** people are in the park. 많은 사람들이 공원에 있다. There are **many** cars in the parking lot. 주차장에 많은 차들이 있다.
much+단수명사 (셀 수 없는 명사)	Do you need **much** money? 너는 많은 돈이 필요하니? They don't use **much** water. 그들은 많은 물을 사용하지 않는다.

plus 2

much는 주로 부정문과 의문문에 사용하고 긍정문에서는 much보다 a lot of를 많이 사용합니다. 단, too much를 사용할 경우에는 긍정문에서도 much를 사용합니다.

They use **too much** water. 그들은 너무 많은 물을 사용한다.

Warm up

● 다음 괄호 안에서 알맞은 말을 고르세요.

정답 및 해설 p.29

- cap 모자
- pocket 주머니
- salt 소금
- visit 방문하다
- country 나라

01 She doesn't have (many / much) caps.

02 I don't have (some / any) money.

03 I have (some / any) coins in my pocket.

04 They don't have (some / any) water.

05 Would you like (some / any) coffee?

06 Do you drink (many / much) water?

07 We don't need (many / much) salt.

08 (Many / Much) students study in the library.

09 They have (some / any) food.

10 Do you need (some / any) milk?

11 My brother has (some / any) interesting books.

12 They don't have (some / any) flowers.

13 Do you visit (many / much) cities?

14 Is there (much / many) snow in your country?

15 Do you have (some / any) friends in Korea?

Chapter 8 수량을 나타내는 표현 ● 189

First Step

수량 형용사의 쓰임 확인하기

1 다음 괄호 안에서 알맞은 말을 골라 빈칸에 쓰세요.

정답 및 해설 p.30

01 They have ___some___ sugar. (some, many)

02 Jeniffer doesn't eat _____ pizza. (some, any)

03 There are _____ eggs in the refrigerator. (much, some)

04 There are _____ children in the park. (many, much)

05 Jessica doesn't need _____ cheese. (some, any)

06 He doesn't have _____ coffee. (much, many)

07 Do you have _____ friends? (much, many)

08 Would you like _____ tea and cookies? (some, any)

09 Do you know _____ musicians? (much, any)

10 Don't drink too _____ water. (much, many)

11 She and I don't have _____ coins. (any, some)

12 There are _____ clouds in the sky. (much, some)

13 Do you have _____ questions about my school?
(any, much)

14 We need _____ fresh vegetables. (some, any)

15 I don't want _____ help. (some, any)

Words

- sugar 설탕
- refrigerator 냉장고
- park 공원
- musician 음악가
- coin 동전
- cloud 구름
- question 질문
- help 도움

190

2 다음 괄호 안에서 알맞은 말을 골라 빈칸에 쓰세요.

정답 및 해설 p.30

01 Jane doesn't have _____ any _____ pencils. (some, any)

02 She has _____ Christmas cards. (some, any)

03 I don't drink _____ coffee. (some, any)

04 Are there _____ cars on the street? (many, much)

05 There are some _____ in the restaurant. (table, tables)

06 There isn't _____ water in the bottle. (any, some)

07 We don't need _____ bread. (many, much)

08 His friend doesn't play _____ computer games. (any, some)

09 Give me _____ money, please. (any, some)

10 My sister doesn't eat _____ seafood. (any, some)

11 _____ people need your help. (many, much)

12 My father doesn't watch _____ TV shows. (much, any)

13 There are _____ pictures on the wall. (some, much)

14 The tree doesn't have _____ leaves. (many, much)

15 Is there _____ meat in the refrigerator? (some, any)

Words

· street 거리
· restaurant 식당
· bottle 병
· seafood 해산물
· need 필요하다
· picture 그림, 사진
· wall 벽
· leaf 나뭇잎

Second Step

수량 형용사 문장 완성하기

1 다음 보기의 말을 이용하여 빈칸에 알맞은 말을 쓰세요. (중복 사용 가능)

정답 및 해설 p.30

> some   any   many   much

Words

- fast food
  패스트푸드
- bottle 병
- put 넣다
- sugar 설탕
- tea 차
- soup 수프
- bowl 그릇, 대접
- question 질문

01 I need _____ some _____ money.
나는 약간의 돈이 필요하다.

02 My brother eats too _____ fast food.
내 동생은 패스트푸드를 너무 많이 먹는다.

03 There isn't _____ milk in the bottle.
병에 우유가 조금도 없다.

04 She puts _____ sugar in her coffee.
그녀는 커피에 약간의 설탕을 넣는다.

05 Would you like _____ tea?
차 한 잔 마시겠어요?

06 We need _____ rice for dinner.
우리는 저녁식사를 위해 약간의 쌀이 필요하다.

07 There are _____ animals in the zoo.
동물원에는 많은 동물들이 있다.

08 There isn't _____ soup in the bowl.
그릇에 수프가 조금도 없다.

09 They have _____ milk.
그들은 우유가 좀 있다.

10 Do you have _____ questions?
질문 있니?

2 다음 보기의 말을 이용하여 빈칸에 알맞은 말을 쓰세요. (중복 사용 가능)

정답 및 해설 p.30

some	any	many	much

01 I don't need _____any_____ help.
나는 도움이 전혀 필요 없다.

02 There are _____ chairs in the classroom.
교실에 많은 의자들이 있다.

03 Do you know _____ popular singers?
너는 인기 있는 가수들을 좀 아니?

04 I don't put _____ salt in my food.
나는 음식에 소금을 전혀 넣지 않는다.

05 We need _____ meat for the party.
우리는 파티를 위해 약간의 고기가 필요하다.

06 We don't need _____ money now.
우리는 지금 많은 돈이 필요하지 않다.

07 My mom doesn't buy _____ vegetables.
나의 엄마는 많은 야채를 사지 않으신다.

08 There aren't _____ fresh fruits at the market.
시장에 신선한 과일이 조금도 없다.

09 We have _____ oil in the tank.
연료통에 기름이 조금 있다.

10 Does he have _____ relatives?
그는 친척이 좀 있니?

Words

- help 도움
- popular 인기 있는
- salt 소금
- meat 고기
- fresh 신선한
- market 시장
- tank 탱크, 통
- relative 친척

Third Step

🍎 다음 밑줄 친 부분을 바르게 고쳐 쓰세요.

정답 및 해설 p.30

01 She makes <u>any</u> chocolate cookies.　　　some

02 Would you like <u>any</u> water?

03 Do you have <u>some</u> brothers?

04 There are many good <u>restaurant</u> in the city.

05 We don't need too <u>many</u> cheese.

06 We don't need <u>some</u> help now.

07 These cars don't use <u>many</u> gas.

08 Many <u>insect</u> live in the forest.

09 There are <u>any</u> sandwiches on the plate.

10 Jennie wants some <u>breads</u>.

11 My sister doesn't save <u>many</u> money.

12 There are <u>much</u> actors on the stage.

13 Does he have many <u>pet</u>?

14 They don't eat <u>some</u> meat.

15 I don't drink <u>many</u> coffee at night.

Words

· city 도시
· use 사용하다
· gas 휘발유, 가스
· insect 곤충
· plate 접시
· famous 유명한
· pet 애완동물
· meat 고기
· at night 밤에

Writing Step

주어진 단어 중 **필요한 것만 골라 문장을 완성하세요.** (필요하면 단어를 변경하세요.)

Words

- potato 감자
- novel 소설
- question 질문
- garden 정원
- spoon 숟가락
- table 식탁
- market 시장

01 우리는 감자를 조금 가지고 있다. (have, potato, some, any)

→ We ___have some potatoes___ .

02 빵 좀 먹을래요? (bread, you, like, some, any)

→ Would _____?

03 너는 흥미로운 소설을 가지고 있니? (have, novels, interesting, some, any)

→ Do you _____?

04 그는 돈이 많이 필요하니? (he, money, need, many, much)

→ Does _____?

05 내 동생은 많은 질문을 한다. (asks, questions, many, much)

→ My brother _____.

06 교실에는 학생들이 많이 있다. (are, students, many, much)

→ There _____ in the classroom.

07 이 정원에는 꽃이 조금도 없다. (aren't, flowers, some, any)

→ There _____ in this garden.

08 그녀는 고기를 전혀 먹지 않는다. (doesn't, any, some, eat, meat)

→ She _____.

09 식탁 위에 숟가락이 좀 있니? (are, spoons, there, any, some)

→ _____ on the table?

10 엄마는 시장에서 음식을 조금도 사지 않으신다. (buy, food, doesn't, any, some)

→ My mom _____ at a market.

11 형제가 있나요? (any, brothers, have, some)

→ Do you _____?

12 그들은 지금 많은 물이 필요하다. (need, a lot of, many, water, now)

→ They _____.

UNIT 02 a lot of/lots of, a few/few와 a little/little

수량 형용사는 명사 앞에 와서 명사의 수량을 표현합니다.

① a lot of와 lots of

a lot of와 lots of은 '많은'이란 의미로 of 다음에 복수명사와 셀 수 없는 명사(단수명사) 모두 올 수 있습니다.

a lot of(lots of)+복수명사/ 셀 수 없는 명사 (많은)	There are **a lot of(lots of)** apples in the basket. 바구니에 많은 사과가 있다. We need **a lot of(lots of)** money. 우리는 많은 돈이 필요합니다.

plus 1

a lot of는 상황에 따라 many나 much로 바꿔 쓸 수 있습니다.
There are **many** people in the park. = There are **a lot of** people in the park.
I don't have **much** money. = I don't have **a lot of** money.

② a few와 few

a few와 few 다음에는 셀 수 있는 복수명사가 오지만 a few와 few의 의미는 다릅니다. a few는 '조금 있는', '약간의'라는 긍정의 뜻이며, few는 부정의 의미로 '거의 없는'이라는 뜻입니다.

a few+복수명사(셀 수 있는 명사) (조금 있는, 약간의)	I have **a few** friends. 나는 친구가 좀 있다. She has **a few** apples. 그녀는 사과가 조금 있다.
few+복수명사(셀 수 있는 명사) (거의 없는)	I have **few** friends. 나는 친구가 거의 없다. (부정) She has **few** apples. 그녀는 사과가 거의 없다. (부정)

③ a little과 little

a little과 little 다음에는 셀 수 없는 단수명사가 오지만 a little과 little의 의미는 다릅니다. a little은 '조금 있는', '약간의'라는 긍정의 뜻이며, little은 부정의 의미로 '거의 없는'이라는 뜻입니다.

a little+단수명사(셀 수 없는 명사) (조금 있는, 약간의)	I drink **a little** water. 나는 약간의 물을 마신다. There is **a little** water in the tank. 탱크에 물이 조금 있다.
little+단수명사(셀 수 없는 명사) (거의 없는)	I drink **little** water. 나는 물을 거의 마시지 않는다. (부정) There is **little** water in the tank. 탱크에 물이 거의 없다. (부정)

plus 2

little과 few는 그 자체로 부정의 의미가 있어 not이나 don't와 함께 하지 않습니다.
I don't have few friends. (x)

Warm up

● 다음 괄호 안에서 알맞은 말을 고르세요.

정답 및 해설 p.31

01 There are (few / little) students in the hall.

02 There are (a few / a little) boys in the park.

03 There is (a few / a little) water in the bottle.

04 I have (a lot of / much) stamps.

05 She needs (some / a few) sugar.

06 They have (a few / a little) cheese.

07 She and I have (a few / a little) friends.

08 There are (few / little) trees in the park.

09 There are (a lot of / a little) cars on the street.

10 We sometimes see (a few / a little) animals here.

11 (A lot of / Much) tourists visit my town in summer.

12 I have (some / little) ideas about the plan.

13 They eat (lots of / many) bread.

14 My mom sometimes buys (a few / a little) flour.

15 We need (some / any) fresh air.

Words

· hall 큰 방, 홀
· bottle 병
· stamp 우표
· sugar 설탕
· on the street 거리에
· tourist 관광객
· visit 방문하다
· town 도시
· plan 계획
· flour 밀가루(물질명사)
· country 국가, 나라
· air 공기

First Step

1 괄호 안에서 알맞은 말을 골라 빈칸에 쓰세요.

정답 및 해설 p.31

- actor 배우
- air 공기
- visit 방문하다
- beach 해변
- during ~동안
- basket 바구니
- pot 주전자
- parking lot 주차장

01 I know _____ a few _____ Korean actors. (a few / a little)

02 She drinks _____ glasses of juice in the morning.
(a few / a little)

03 We have _____ homework today. (a lot of / a few)

04 There is _____ cheese on the table. (a few / a little)

05 There is _____ air in the room. (few / little)

06 We need _____ flowers for the party.
(a lot of / a little)

07 The singers visit _____ cities every month.
(a few / a little)

08 He has _____ friends. (few / little)

09 _____ students are playing computer games.
(a few / a little)

10 _____ people go to the beach during summer.
(a lot of / a little)

11 There are _____ apples in the basket. (few / little)

12 There is _____ water in the pot. (few / little)

13 There are _____ cars in the parking lot. (a few / a little)

14 There are _____ hotels in my town. (few / little)

15 She has _____ money in her bag. (a few / a little)

2 괄호 안에서 알맞은 말을 골라 빈칸에 쓰세요.

정답 및 해설 p.32

01 He has _____a few_____ uncles. (a few / a little)

02 There are _____ children in the park. (few / little)

03 Put _____ sugar in the food. (a few / a little)

04 Does she have _____ oranges? (a few / a little)

05 _____ towels are wet now. (a few / a little)

06 There are _____ socks in the drawer. (few / little)

07 My father sometimes buys _____ toys for me.
(a few / a little)

08 She makes delicious cookies with _____ flour
and chocolate. (a few / a little)

09 There are few _____ in the desert. (tree / trees)

10 We eat _____ meat during the festival. (a lot of / few)

11 Mike and I eat _____ sandwiches for lunch.
(a few / a little)

12 Jessica spends _____ money for her dog.
(a few / a little)

13 She plays the piano for _____ hours. (a few / a little)

14 There are _____ geese in the lake. (a few / a little)

15 _____ women go shopping during Christmas
holidays. (a lot of / a little)

- gold 금
- towel 수건
- wet 젖은
- drawer 서랍
- toy 장난감
- desert 사막
- festival 축제
- spend (시간) 보내다,
  (돈) 쓰다
- goose 거위
- lake 호수
- holiday 휴가

Second Step

1 다음 보기의 말을 이용하여 빈칸에 알맞은 말을 쓰세요. (중복 사용 가능)

정답 및 해설 p.32

> a lot of   a little   little   a few   few

Words

- coin 동전
- tourist 관광객
- beach 해변
- seafood 해산물
- jar 항아리
- mistake 실수
- lake 호수
- in the world 세상에

01 We buy _____a few_____ carrots.
나는 몇 개의 당근을 산다.

02 There are _____ coins in the box.
상자에는 동전이 거의 없다.

03 _____ tourists come to the beach in summer.
많은 관광객들이 여름에 해변에 온다.

04 She has _____ money.
그녀는 약간의 돈이 있다.

05 There are _____ coffee shops in the town.
그 마을에 커피숍이 몇 개 있다.

06 My father eats _____ seafood.
나의 아버지는 해산물을 많이 드신다.

07 There is _____ oil in the jar.
항아리에 기름이 거의 없다.

08 She sometimes makes _____ mistakes.
그녀는 때때로 약간의 실수를 한다.

09 There are _____ lakes in the world.
이 세상에는 많은 호수들이 있다.

10 I drink _____ orange juice in the morning.
나는 아침에 약간의 주스를 마신다.

2 다음 보기의 말을 이용하여 빈칸에 알맞은 말을 쓰세요. (중복 사용 가능)

정답 및 해설 p.32

- fallen leaf 낙엽
- street 거리
- dessert 후식
- care 보살핌
- information 정보
- spend
  보내다, 사용하다
- cafeteria 구내식당
- address 주소

> a lot of　　a little　　little　　a few　　few

01 I have _____little_____ water.
나는 물이 거의 없다.

02 There are _____ fallen leaves on the street.
거리에 많은 낙엽들이 있다.

03 We need _____ ice cream for dessert.
우리는 후식으로 약간의 아이스크림이 필요하다.

04 The children need _____ care and love.
그 어린이들은 많은 보살핌과 사랑이 필요하다.

05 I need _____ time and money.
나는 약간의 시간과 돈이 필요하다.

06 There is _____ information about them.
그들에 대해 거의 정보가 없다.

07 He spends _____ time with his friends.
그는 그의 친구들과 많은 시간을 보낸다.

08 There are _____ people in the cafeteria.
구내식당에 약간의 사람들이 있다.

09 _____ people know her address.
그녀의 주소를 아는 사람은 거의 없다.

10 Sam eats _____ bread for breakfast.
Sam은 아침식사로 약간의 빵을 먹는다.

Third Step 다양한 수량 형용사 문장 점검하기

🍎 다음 밑줄 친 부분을 우리말에 맞게 고쳐 쓰세요.

정답 및 해설 p.32

01 She doesn't have <u>much</u> coins.
그녀는 많은 동전을 가지고 있지 않다.

many/a lot of/lots of

Words

02 There are <u>few</u> roses in the garden.
정원에는 약간의 장미들이 있다.

03 There are a few <u>child</u> in the pool.
수영장에 몇 명의 어린이들이 있다.

04 They have <u>a little</u> comic books.
그들은 약간의 만화책이 있다.

05 There are lots of beautiful <u>beach</u> in Korea.
한국에는 많은 해변들이 있다.

06 There <u>are</u> a little water in the bottle.
병에 물이 조금 있다.

07 There are <u>a little</u> tomatoes in the basket.
바구니에 토마토가 좀 있다.

08 <u>Much</u> passengers are in the train.
많은 승객들이 기차에 있다.

09 Do you feel <u>many</u> pain?
너는 몹시 아프니?

10 Ann bakes a lot of <u>cookie</u>.
Ann은 많은 과자를 굽는다.

11 A lot of balloons <u>is</u> in the sky.
많은 풍선들이 하늘에 있다.

12 <u>A little</u> birds are flying toward us.
새 몇 마리가 우리 쪽으로 날아오고 있다.

- garden 정원
- pool 수영장
- comic book 만화책
- basket 바구니
- passenger 승객
- pain 고통
- balloon 풍선
- plate 접시
- toward ~쪽으로

Writing Step

주어진 단어 중 필요한 것만 골라 문장을 완성하세요. (필요하면 단어를 변경하세요.)

정답 및 해설 p.32

Words

· toy 장난감
· country 나라
· hotel 호텔
· syrup 시럽
· information 정보
· rainy season 장마
· visit 방문하다
· plan 계획

01 나는 거의 물을 마시지 않는다. (drink, water, little, few)

→ I _____drink little water_____ .

02 그 아기는 장난감이 많이 있다. (has, toys, many, much)

→ The baby _____ .

03 이 나라에는 호텔이 거의 없다. (in this country, hotel, few, little)

→ There are _____ .

04 그 요리사는 설탕을 많이 사용한다. (uses, sugar, many, a lot of)

→ The cook _____ .

05 그 기자는 몇몇 정보를 얻는다. (information, gets, a few, a little)

→ The reporter _____ .

06 장마철에는 비가 많이 온다. (rain, the rainy season, a lot of, during, many)

→ There is _____ .

07 나는 유럽의 몇몇 나라를 방문한다. (countries, visit, a few, a little)

→ I _____ in Europe.

08 냉장고에 고기가 조금 있다. (is, meat, in the refrigerator, a few, a little)

→ There _____ .

09 언덕 위에 양들이 좀 있다. (sheep, a few, a little)

→ There are _____ on the hill.

10 그의 방에는 책이 많이 있다. (books, in his room, a lot of, much)

→ There are _____ .

11 우리는 몇 가지 계획이 있다. (have, a few, a little, plans)

→ We _____ .

12 그녀는 치즈를 좀 먹고 있다. (eating, is, some, any, cheese)

→ She _____ .

Final Step

1 다음 영어를 우리말로 쓰세요.

정답 및 해설 p.33

Words

· sit 앉다
· bench 벤치, 의자
· relative 친척
· spend (시간 등) 보내다
· pet 애완동물
· drawer 서랍
· problem 문제
· glass 유리잔

01 I don't drink any juice.

→ _____나는 주스를 조금도 마시지 않는다._____

02 Some people are sitting on the bench.

→ _____

03 I don't have any relatives.

→ _____

04 She spends a lot of time with her pets.

→ _____

05 There are some people in the train.

→ _____

06 Would you like some orange juice?

→ _____

07 Jack has a few yellow shirts in the drawer.

→ _____

08 Does she have any children?

→ _____

09 I don't have any problems.

→ _____

10 We drink a lot of milk every day.

→ _____

11 Do you need much water?

→ _____

12 There is little juice in the glass.

→ _____

② 다음 밑줄 친 부분을 바르게 고쳐 다시 쓰세요.

정답 및 해설 p.33

01 I need <u>a little</u> boxes. 나는 몇 개의 상자가 필요하다.

→ _____ I need a few boxes. _____

02 <u>Much</u> birds are sitting on a wire. 많은 새들이 전선에 앉아 있다.

→ _____

03 A lot of <u>student</u> learn Japanese. 많은 학생들이 일본어를 배운다.

→ _____

04 My father drinks <u>a few</u> wine at night.
나의 아버지는 밤에 포도주를 조금 마신다.

→ _____

05 Mike has a lot of <u>friend</u> at school. Mike는 학교에 많은 친구들이 있다.

→ _____

06 They meet <u>much</u> people during the trip.
그들은 여행 동안 많은 사람들을 만난다.

→ _____

07 There are <u>little</u> benches in the park. 그 공원은 벤치가 거의 없다.

→ _____

08 I have <u>a few</u> homework today. 나는 오늘 약간의 숙제가 있다.

→ _____

09 There are <u>a little</u> boats in the river. 강에 몇 대의 보트가 있다.

→ _____

10 We waste too <u>many</u> water. 우리는 너무 많은 물을 낭비한다.

→ _____

11 I don't have <u>some</u> time now. 나는 지금 시간이 전혀 없다.

→ _____

12 Would you like to have <u>any</u> pizza? 피자 좀 드시겠어요?

→ _____

Words
- wire 전선
- wine 포도주
- during ~동안
- trip 여행
- homework 숙제
- boat 보트, 배
- waste 낭비하다

Exercise

[1-3] 다음 중 빈칸에 알맞지 <u>않은</u> 것을 고르세요.

 Note

1

David eats a lot of _____.

① rice ② cookies ③ apples
④ egg ⑤ bread

1 a lot of 다음에 셀 수 있는 명사는 복수명사를 써야 합니다.

2

I don't need much _____.

① money ② flowers ③ water
④ cheese ⑤ salt

2 much 다음에 올 수 있는 명사를 생각하세요.

3

She has a few _____.

① potatoes ② books ③ notebooks
④ cups ⑤ meat

3 a few 다음에는 셀 수 있는 명사가 옵니다.

4 **다음 중 빈칸에 들어갈 말이 순서대로 짝지어진 것을 고르세요.**

• There is _____ meat in the boxes.
• _____ students learn history.

① a few – Few ② many – A little
③ a lot of – A few ④ much – Little
⑤ a few – A little

4 셀 수 없는 물질명사는 단수취급합니다.

[5–6] 다음 중 빈칸에 공통으로 들어갈 말을 고르세요.

5

> • My uncle has _____ cows.
> • She drinks _____ apple juice

① many   ② much   ③ very
④ few   ⑤ lots of

6

> • Do you have _____ hobbies?
> • Ann doesn't use _____ sugar in her food.

① any   ② some   ③ little
④ a little   ⑤ a few

[7–8] 다음 중 우리말을 영어로 바르게 쓴 것을 고르세요.

7

> 그들은 약간의 치즈를 가지고 있다.

① They have any cheese.
② They have little cheese.
③ They have some cheese.
④ They have a few cheese.
⑤ They have few cheese.

8

> 나는 물이 거의 없다.

① I have a few water.   ② I have few water.
③ I have a little water.   ④ I have little water.
⑤ I have any water.

Note

5 복수명사와 셀 수 없는 명사를 모두 함께 사용할 수 있는 표현을 생각하세요.

6 hobby 취미

7-8 cheese와 water는 셀 수 없는 명사입니다.

Exercise

[9–10] 다음 중 잘못된 문장을 고르세요.

9　① He has some apples.

　　② She doesn't drink some milk.

　　③ Would you like some tea?

　　④ Many people are in the shopping mall.

　　⑤ He puts some salt in his soup.

9 some과 any의 쓰임을 생각하세요.

10　① There are some fruits on the table.

　　② We don't have any classes today.

　　③ I have a few money now.

　　④ Few people are in the museum.

　　⑤ I don't need any help.

10 a few와 a little의 차이를 생각하세요.

[11–12] 다음 중 밑줄 친 단어와 바꿔 쓸 수 없는 것을 고르세요.

11
> They don't need many carrots.

① books　　② water　　③ coins
④ cups　　⑤ cookies

11 셀 수 없는 명사를 고르세요.

12
> My sister has few friends.

① a few　　② many　　③ a lot of
④ much　　⑤ some

12 셀 수 있는 명사 앞에 오는 표현들을 생각해보세요.

[13-15] 다음 우리말과 뜻이 같도록 빈칸에 알맞은 말을 쓰세요.

Note

13

서울에는 많은 공원들이 있다. (park)

→ There are _____ _____ in Seoul.

13 복수명사와 함께 사용하는 수량 형용사가 와야 합니다.

14

내 친구들은 컴퓨터게임을 전혀 하지 않는다. (play)

→ My friends don't _____ _____ computer games.

14 부정문에 사용하는 표현을 생각하세요.

15

그녀는 많은 돈을 저금한다.

→ She saves _____ _____ _____ _____.

15 much 대신 사용할 수 있는 표현을 생각하세요.

16 **다음 영어를 우리말로 쓰세요.**

Jane doesn't use much salt.

→ _____

16 salt 소금

Review Test Chapter 1-8

1 다음 보기의 단어를 이용하여 빈칸에 알맞은 말을 쓰세요. Chapter 1

| open love take need miss meet study work enjoy go |

01 The park ___opens___ at 10:00
공원은 10시에 문을 연다.

02 He _____ a nap after lunch.
그는 점심식사 후 낮잠을 잔다.

03 The tourist _____ a map.
그 관광객은 지도가 필요하다.

04 His friend _____ hard.
그의 친구는 열심히 공부한다.

05 My father _____ at a city hall.
나의 아버지는 시청에서 일하신다.

06 My brother _____ to bed early.
나의 남동생은 일찍 잔다.

07 Jessica _____ the movies.
Jessica는 영화감상을 즐긴다.

08 He _____ his parents.
그는 그의 부모님을 사랑한다.

09 Alice _____ her country.
Alice는 자신의 조국을 그리워한다.

10 She _____ Mike once a week.
그녀는 Mike를 일주일에 한 번 만난다.

Words · tourist 관광객 · map 지도 · go to bed 잠자리에 들다 · miss 그리워하다 · once a week 일주일에 한 번

2 다음 문장을 부정문과 의문문으로 바꿔 쓰세요. Chapter 2

01 She wants five coins.

부정문 _____ She doesn't want five coins. _____

의문문 _____ Does she want five coins? _____

02 The house has a big garden.

부정문 _____

의문문 _____

03 Sam has homework today.

부정문 _____

의문문 _____

04 They sell coffee.

부정문 _____

의문문 _____

05 They eat hamburgers for lunch.

부정문 _____

의문문 _____

06 The building has many windows.

부정문 _____

의문문 _____

07 You and Sara like Italian food.

부정문 _____

의문문 _____

08 She changes her hair every month.

부정문 _____

의문문 _____

Words
- coin 동전
- garden 정원
- sell 팔다
- change 바꾸다

Review Test

3 다음 문장을 지시대로 바꿔 쓰세요. **Chapter 3-4**

01 He plays the piano.

현재진행형   He is playing the piano.

02 The children are swimming in the pool.

의문문 _____

03 He is doing his homework now.

부정문 _____

04 They are taking a rest under the tree.

의문문 _____

05 She wears a school uniform.

현재진행형 _____

06 My sister is watering the flowers.

부정문 _____

07 They are having lunch at a restaurant.

의문문 _____

08 My sister is riding a bike now.

부정문 _____

09 They are listening to the radio.

부정문 _____

10 He makes spaghetti with his mom.

현재진행형 _____

11 I don't have any water.

긍정문 _____

12 Is there a pencil on the desk?

긍정문 _____

 Words · pool 수영장 · rest 휴식 · school uniform 교복 · water 물을 주다 · ride 타다

④ 다음 빈칸에 알맞은 말을 영어로 쓰세요. `Chapter 5-7`

01 There are ___five___ balls in the basket.

바구니에 다섯 개의 공들이 있다.

02 His _____ daughter is very smart.

그의 둘째 딸은 매우 영리하다.

03 Johnson is my _____ son.

Johnson은 나의 첫 번째 아들이다.

04 Today is October the _____.

오늘은 10월 9일이다.

05 The shirt is _____ dollars.

그 셔츠는 32달러이다.

06 There are about _____ students in the gym.

체육관에 약 300명의 학생들이 있다.

07 Sara usually rides a bike _____ the afternoon.

Sara는 보통 오후에 자전거를 탄다.

08 I don't eat any food _____ night.

나는 밤에 음식을 전혀 먹지 않는다.

09 We sometimes go camping _____ Saturday.

우리는 가끔 토요일에 캠핑을 간다.

10 He takes a walk _____ one hour in the morning.

그는 아침에 한 시간 동안 산책한다.

11 There are mountains _____ the two countries.

두 국가 사이에 산들이 있다.

12 He always works _____.

그는 항상 열심히 일한다.

 **Words** · basket 바구니 · gym 체육관 · usually 보통, 주로 · go camping 캠핑을 가다 · country 국가

Review Test

5 주어진 단어를 이용하여 문장을 완성하세요. (필요한 단어를 추가하거나 변경하세요.)

01 나의 할머니는 일찍 주무신다. (goes to, bed)

→ My grandmother _____goes to bed early_____ .

02 그는 항상 졸리다. (be, sleepy)

→ He _____ .

03 Cathy는 절대 고기를 먹지 않는다. (eats, meat, never)

→ Cathy _____ .

04 곰은 보통 겨울 동안 잠을 잔다. (usually, sleep, winter)

→ A bear _____ .

05 나는 가끔 나의 엄마를 위해 꽃을 산다. (buy, flowers, sometimes, my mom)

→ I _____ .

06 12월에는 매우 춥다 (cold, is, very, December)

→ It _____ .

07 그 영화는 9시에 시작한다. (starts, nine)

→ The movie _____ .

08 그녀는 지금 나무들 사이에 서 있다. (is, standing, the trees)

→ She _____ now.

09 Jessica는 저녁식사 후에 TV를 본다. (watches, TV, dinner)

→ Jessica _____ .

10 나는 매일 2시간 동안 기타연습을 한다. (practice, the guitar, two hours)

→ I _____ every day.

11 나는 한국에 친구가 몇 명 있다. (have, friend, a few, Korea)

→ I _____ .

12 나의 삼촌은 지금 운전을 하고 있다. (is, drive, now, a car)

→ My uncle _____ .

Words · sleepy 졸린 · stand 서다 · practice 연습하다 · drive 운전하다

6 다음 보기의 말을 이용하여 빈칸에 알맞은 말을 쓰세요. (중복 사용 가능) `Chapter 7-8`

> in front of   some   any   about   over   too   with   on

01 I don't need _____ any _____ money.
나는 돈이 전혀 필요 없다.

02 James drinks _____ much coffee.
James는 너무 많이 커피를 마신다.

03 There aren't _____ cars on the street.
거리에 자동차가 전혀 없다.

04 She puts _____ salt in her food.
그녀는 음식에 약간의 소금을 넣는다.

05 Would you like _____ coffee?
커피 마시겠어요?

06 Jim is writing a letter _____ a pencil.
Jim은 연필을 가지고 편지를 쓰고 있다.

07 Jack is sitting _____ the door.
Jack은 문 앞에 앉아 있다.

08 A plane is flying _____ the mountain.
비행기가 산 위로 날아가고 있다.

09 We don't know _____ the company.
우리는 그 회사에 대해 모른다.

10 There is a key _____ the table.
식탁 위에 열쇠가 있다.

 **Words** · street 거리 · salt 소금 · sit 앉다 · plane 비행기 · fly 날다 · company 회사 · key 열쇠

[1-2] 다음 중 빈칸에 알맞지 <u>않은</u> 것을 고르세요.

1

There are _____ notebooks in her bag.

① few   ② a few   ③ two
④ some   ⑤ a little

2

She has _____ salt in the kitchen.

① few   ② a little   ③ some
④ a lot of   ⑤ little

[3-4] 다음 중 빈칸에 알맞은 것을 고르세요.

3

I study English _____ 2 hours.

① on   ② for   ③ in
④ at   ⑤ during

4

It is very cold _____ February in Korea.

① on   ② for   ③ in
④ at   ⑤ after

[5-6] 다음 중 밑줄 친 것이 <u>잘못된</u> 것을 고르세요.

5 ① There is <u>a lot of</u> water in the tank.
② She doesn't have <u>many</u> money.
③ I don't eat <u>much</u> food.
④ He has <u>a lot of</u> books.
⑤ She drinks <u>a lot of</u> coffee.

6 ① Our school begins <u>in</u> 9 o'clock.
② She plays <u>with</u> her dog.
③ He goes to school <u>by</u> bus.
④ My daddy works <u>at</u> a car factory.
⑤ He doesn't eat any food <u>at</u> night.

7 다음 중 빈칸에 들어갈 말로 짝지어진 것을 고르세요.

• He asks me _____ questions.
• There is _____ water in the pond.

① many – many   ② much – many
③ much – much   ④ much – a lot of
⑤ many – little

8 다음 중 단어 연결이 <u>잘못된</u> 것을 고르세요.

① one – first
② three – third
③ seven – seventh
④ twenty – twelfth
⑤ nine – ninth

[9-10] 다음 중 우리말을 영어로 바르게 바꾼 것을 고르세요.

9

> 7월 15일 토요일

① Saturday, August fifteen
② Saturday, June fiftieth
③ Saturday, July the fifteenth
④ Saturday, September fifth
⑤ Saturday, October fifteen

10

> 그는 약간의 고기를 가지고 있다.

① He has any meat.
② He has little meat.
③ He has some meat.
④ He has a few meat.
⑤ He have a little meat.

11

> 유리잔에 물이 거의 없다.

① There is a few water in the glass.
② There is few water in the glass.
③ There is a little water in the glass.
④ There is some water in the glass.
⑤ There is little water in the glass.

12 다음 중 날짜 쓰기가 옳지 <u>않은</u> 것을 고르세요.

① Aug. 8: August eighth
② Aug. 9: August nineth
③ Aug. 12: August twelfth
④ Aug. 20: August twentieth
⑤ Aug. 15: August fifteenth

[13-16] 다음 중 빈칸에 공통으로 들어갈 말을 고르세요.

13

> • She washes her hands _____.
> • We cross the street _____.

① quickly   ② heavily
③ lovely   ④ friendly
⑤ hardly

14

> • She lives _____ Hong Kong.
> • Mike is _____ his room now.

① on   ② for   ③ in
④ at   ⑤ with

15

> • I often buy some flowers _____ her.
> • Lisa has a piece of cake _____ lunch.

① from   ② to   ③ in
④ for   ⑤ at

16

> • My uncle has _____ sheep.
> • Mike drinks _____ juice.

① many   ② much   ③ very
④ any   ⑤ a lot of

Achievement Test

17 다음 중 수를 밑줄 잘못 읽은 것을 고르세요.

① 4.14 → four point one four
② 5월 5일 → May the fifth
③ 1989년 → nineteen eighty-nine
④ 2,500 → two thousands five hundreds
⑤ 5.12: five point one two

18 다음 중 빈칸에 들어갈 전치사가 다른 것을 고르세요.

① We go on a picnic _____ spring.
② Mike is _____ the classroom now.
③ The final exam starts _____ Monday.
④ Jack lives _____ New York City.
⑤ I drink coffee _____ the morning.

19 다음 중 밑줄 친 단어의 쓰임이 다른 것을 고르세요.

① He comes home early.
② She runs fast.
③ It is a hard work.
④ He jumps high.
⑤ The car moves slowly.

20 다음 중 빈칸에 알맞은 말을 고르세요.

> Sam gets up early in the morning. He is never _____ for school.

① late   ② quick   ③ kind
④ slow   ⑤ fast

[21-22] 다음 중 밑줄 친 단어와 바꿔 쓸 수 없는 것을 고르세요.

21

> They don't want much cheese.

① coffee   ② water   ③ coins
④ money   ⑤ meat

22

> There are many bottles in the box.

① a few   ② few   ③ a lot of
④ a little   ⑤ some

23

> 그 산에는 많은 나무들이 있다. (tree)

→ There are _____ _____ in the mountain.

24

> 나는 토요일에 전혀 수업이 없다. (have)

→ I don't _____ _____ classes on Saturday.

[25-27] 다음 빈칸에 알맞은 말을 보기에서 고르세요.

> at   in   to   under   on

25 We make a snowman _____ winter.

26 We go _____ the movies on Sunday.

27 The boat is passing _____ the bridge.

28 다음 우리말을 영어로 쓰세요.

> 2010년, 8월 3일

→ _____

29 다음 우리말과 의미가 같도록 문장을 완성하세요.

> 우리는 보통 저녁식사 전 숙제를 마친다. (finish)

→ We _____ _____ our homework before dinner.

30 다음 밑줄 친 부분을 바르게 고쳐 쓰세요.

> Are there many <u>animal</u> in the zoo?

→ _____

27-30 Excellent   22-26 Good   16-21 Not bad   15 이하 Try Again

Grammar mentor joy 2

정답 및 해설

Chapter 01. 일반동사 I

Unit 01. 일반동사의 쓰임

Warm up

01	want	원하다	20	sing	노래하다
02	help	돕다	21	clean	청소하다
03	drink	마시다	22	sit	앉다
04	need	필요하다	23	teach	가르치다
05	walk	걷다	24	study	공부하다
06	watch	지켜보다	25	wash	씻다
07	have	가지다, 먹다	26	run	달리다
08	work	일하다	27	jump	뛰다/점프하다
09	learn	배우다	28	meet	만나다
10	visit	방문하다	29	wear	입다
11	see	보다	30	make	만들다
12	speak	말하다	31	buy	사다
13	write	쓰다	32	come	오다
14	use	사용하다	33	fly	날다
15	live	살다	34	read	읽다
16	hear	듣다	35	believe	믿다
17	hunt	사냥하다	36	enjoy	즐기다
18	open	열다	37	close	닫다
19	feel	느끼다	38	hate	미워하다

First Step

❶ 01. 가지고 있다　02. 마신다　03. 빛난다
04. 좋아한다　05. 사랑한다　06. 먹는다
07. 가르친다　08. 일하신다　09. 수영한다
10. 즐긴다　11. 공부한다　12. 청소한다

[해설]
03. 현재 상태를 나타내므로 현재시제를 사용한다.
07. 일반적인 사실은 현재시제를 사용한다. 동사가 ch로 끝나는 경우 3인칭 단수는 –es를 붙인다.
08. my mother는 3인칭 단수로 work에 s를 붙인다.
11. 동사가 y로 끝나는 경우 3인칭 단수는 y를 빼고 –ies를 붙인다.

❷ 01. 좋아한다　02. 쓴다(착용한다)　03. 사냥한다
04. 만난다　05. 싫어한다　06. 산다
07. 만든다　08. 일어나신다　09. 운전한다
10. 운다　11. 듣는다　12. 방문하신다

[해설]
03. 현재 상태를 나타내므로 현재시제를 사용한다.
04. she은 3인칭 단수로 meet에 s를 붙인다.
08. my mother는 3인칭 단수로 get에 s를 붙인다.

Second Step

❶ 01. live　02. teach　03. use　04. like
05. brush　06. watch　07. help　08. play
09. go　10. know

❷ 01. read　02. close　03. work　04. learn
05. clean　06. feel　07. swim　08. have
09. wear　10. buy

Third Step

01. read books
02. work at a shopping mall
03. come home early　04. need new shoes
05. run fast　06. live in Seoul
07. like Korean food　08. wear a necklace
09. wash the dishes after dinner
10. drink a glass of juice in the morning
11. walk to school
12. ride a bike in the afternoon

[해석]
01. 그녀는 책을 읽는다.
02. Jane은 쇼핑몰에서 일한다.
03. 그는 집에 빨리 온다.
04. 그녀는 새 신발이 필요하다.
05. 말은 빨리 달린다.
06. 그는 서울에 산다.
07. 나의 아버지는 한국음식을 좋아하신다.
08. 나의 엄마는 목걸이를 착용하신다.
09. Jane은 저녁식사 후 설거지 한다.
10. 나의 여동생은 아침에 주스 한 잔을 마신다.
11. 나의 친구는 학교에 걸어간다.

12. 그는 오후에 자전거를 탄다.

01. know them
02. run fast
03. goes to the library every day
04. like SF movies
05. watches a movie on Sunday
06. visit my grandparents
07. have five cats
08. loves his country
09. have two wings
10. want fresh vegetables
11. go fishing on weekends
12. need five bottles of water

[해석]
03. o로 끝나는 동사의 경우에는 es를 붙이면 된다. 반복
적 행동을 나타내므로 현재시제를 사용한다.

Unit 02. 일반동사의 3인칭 단수

Warm up

01. cuts	**02.** makes	**03.** tells
04. sells	**05.** drives	**06.** says
07. gives	**08.** drinks	**09.** likes
10. cries	**11.** thinks	**12.** meets
13. understands	**14.** passes	**15.** washes
16. speaks	**17.** marries	**18.** flies
19. reads	**20.** does	**21.** buys
22. teaches	**23.** sees	**24.** wants
25. watches	**26.** comes	**27.** eats
28. enjoys	**29.** swims	**30.** tries

[해설]
06. 「모음+y」 경우에는 그냥 s만 붙인다.
10. 「자음+y」 경우에는 y를 i로 고치고 es를 붙인다.
14. s로 끝나는 동사의 경우에는 es를 붙인다.
20. o로 끝나는 동사의 경우에는 es를 붙인다.
22. ch로 끝나는 동사의 경우에는 es를 붙인다.
26. s를 붙이면 된다.

❶
01. have	**02.** go	**03.** finishes
04. play	**05.** know	**06.** lives
07. rises	**08.** has	**09.** watches
10. wash	**11.** works	**12.** work
13. speaks	**14.** learns	**15.** teach

[해석 및 해설]
01. 우리는 고양이가 있다.
02. 나는 매주 일요일 산에 간다.
  *반복적 행동은 현재시제를 사용한다.
03. 그녀는 숙제를 끝낸다.
  *주어가 3인칭 단수이므로 finishes가 와야 한다.
04. 그들은 밤에 기타를 친다.
05. 그녀와 나는 Smith 씨를 안다.
  *she와 I가 and로 연결되어 있으므로 주어는 복
  수이다.
06. Sam은 시카고에 산다.
  *주어가 3인칭 단수이므로 lives가 와야 한다.
07. 태양은 동쪽에서 떠오른다.
  *과학적 사실을 나타내므로 현재시제를 사용한다.
08. 코끼리는 긴 코를 가지고 있다.
  *주어가 3인칭 단수이므로 has가 와야 한다.
09. 그는 저녁식사 후에 TV를 본다.
  *주어가 3인칭 단수이므로 watches가 와야 한다.
10. Mary와 Jake는 설거지 한다.
11. 나의 어머니는 은행에서 일하신다.
  *주어가 3인칭 단수이므로 works가 와야 한다.
12. 그들은 병원에서 일한다.
13. Andy는 영어로 말을 잘한다.
  *주어가 3인칭 단수이므로 speaks가 와야 한다.
14. 그는 영어를 배운다.
15. 그들은 수학을 가르친다.

❷
01. get up	**02.** likes	**03.** drinks
04. eat	**05.** study	**06.** washes
07. go	**08.** cries	**09.** fly
10. clean	**11.** runs	**12.** do
13. has	**14.** wants	**15.** wear

[해석 및 해설]
01. 나는 7시에 일어난다.

02. 내 여동생(누나)은 사과를 좋아한다.

    *주어가 3인칭 단수이므로 likes가 와야 한다.

03. 그녀는 매일 아침 커피를 마신다.

    *주어가 3인칭 단수이므로 drinks가 와야 한다.

04. 나는 점심으로 샌드위치를 먹는다.

05. 내 친구들은 열심히 공부한다.

06. 아버지는 세차하신다.

    *sh로 끝나는 동사의 경우에는 es를 붙이면 된다.

07. 그들은 지하철을 타고 학교에 간다.

08. 그 아기는 하루종일 운다.

    *「자음+y」 경우에는 y를 i로 바꿔 es를 붙인다.

09. 새들이 하늘에서 난다.

10. 그녀와 나는 거실을 청소한다. *she와 I가 and로

    연결되어 있으므로 주어는 복수이다.

11. 그는 빨리 달린다.

    *주어가 3인칭 단수이므로 runs가 와야 한다.

12. 학생들이 숙제를 한다.

13. 내 동생(오빠, 형)이 감기에 걸린다.

    *주어가 3인칭 단수이므로 has가 와야 한다.

14. Julie는 새 가방을 원한다.

    *주어가 3인칭 단수이므로 wants가 와야 한다.

15. 간호사들은 유니폼을 입는다.

    *nurses는 복수로 '간호사들'이다.

Second Step

❶ **01.** learns   **02.** washes   **03.** plays

    04. like   **05.** take   **06.** does

    07. clean   **08.** makes   **09.** hate

    10. opens   **11.** closes   **12.** learn

    13. has   **14.** feels   **15.** speak

[해석 및 해설]

01. 그녀는 영어를 배운다.

02. 아버지는 세차를 하신다.

    *sh로 끝나는 동사의 경우에는 es를 붙이면 된다.

03. 그녀는 매일 피아노를 친다.

    *「모음+y」 경우에는 그냥 s만 붙이면 된다.

04. 그들은 만화책을 좋아한다.

05. 아버지와 나는 아침에 산책을 한다.

06. 그는 방과 후에 숙제를 한다. *sh, ch, x, o로 끝

    나는 동사의 경우에는 es를 붙인다.

07. 우리는 방과 후에 교실을 청소한다.

08. 어머니가 나를 위해 음식을 만드신다.

09. 나는 비 오는 날을 싫어한다.

10. 그는 10시에 가게를 연다.

11. 쇼핑몰은 9시에 닫는다.

12. 그 학생들은 춤을 배운다.

13. 일 년은 365일이다. *have의 3인칭 단수형은

    has이다.

14. James는 지금 기분이 매우 좋다.

15. 그들은 프랑스어를 한다.

    *주어는 복수이므로 speak가 온다.

❷ **01.** teaches   **02.** works   **03.** buys

    04. opens   **05.** enjoys   **06.** fixes

    07. sells   **08.** goes   **09.** catches

    10. walks   **11.** wants   **12.** stays

    13. have   **14.** flies   **15.** practices

[해석 및 해설]

01. 그는 영어를 가르친다.

02. 아빠는 은행에서 일을 하신다.

03. Sara는 서점에서 책을 산다.

    *「모음+y」 경우에는 그냥 s만 붙인다.

04. 그 도서관은 7시에 문을 연다.

05. 그녀는 컴퓨터게임을 즐긴다.

06. 그는 자신의 자전거를 수리한다. *sh, ch, x, o로

    끝나는 동사의 경우에는 es를 붙인다.

07. 나의 엄마는 쇼핑몰에서 옷을 판매하신다.

08. 그 버스는 시청에 간다.

09. Smith 씨는 강에서 물고기를 잡는다.

10. 그녀는 때때로 해변을 따라 걷는다.

11. 내 여동생은 치즈 두 조각을 원한다.

12. Julie는 아침에 집에 머문다.

13. 그와 나는 월요일에 영어 수업이 있다.

    *he와 I가 and로 연결되어 있으므로 주어는 복수,

    따라서 have가 온다.

14. 새는 하늘에서 난다. *「자음+y」로 끝나는 동사는

    y를 i로 고치고 es를 붙인다.

15. 내 딸은 매일 피아노 연습을 한다.

Third Step

01. know   **02.** play   **03.** want

04. needs   **05.** studies   **06.** plays

07. goes	08. dance	09. brush
10. has	11. fly	12. speak
13. visit	14. buys	15. have

[해석 및 해설]

01. 그들은 나를 안다. *주어 They는 3인칭 단수가 아니므로 동사에 s를 붙이면 안 된다.

02. 우리는 방과 후에 테니스를 친다.

03. 나는 커피 한 잔을 원한다. *셀 수 없는 명사 coffee는 단위명사인 cup(잔)을 이용해서 센다.

04. 그녀는 치즈 세 조각이 필요하다. *셀 수 없는 명사 cheese는 단위명사인 piece(조각)를 이용해서 센다.

05. 내 남동생(오빠)은 영어공부를 한다.
*「자음+y」 경우에는 y를 i로 바꿔 es를 붙인다.

06. 그는 컴퓨터게임을 한다.
*「모음+y」 경우에는 그냥 s만 붙이면 된다.

07. Jane은 자주 해변에 간다.

08. 학생들이 무대에서 춤을 춘다.

09. 나는 양치를 한다.

10. 아버지는 새 차가 있으시다.

11. 그 새들은 하늘에서 높이 난다.
*주어는 복수, 따라서 fly가 되어야 한다.

12. Tom과 Jane은 한국말을 잘한다.
*주어는 복수, 따라서 speak가 되어야 한다.

13. Jane과 그녀의 여동생(언니)은 자주 나를 방문한다.
*주어는 복수, 따라서 visit가 되어야 한다.

14. 엄마는 빨간 장미를 사신다.

15. 그 동물들은 긴 혀를 가지고 있다.

Writing Step

01. have a dog	02. closes at eleven
03. fixes computers	04. swims in the sea

05. drinks milk in the morning

06. walk to school	07. speaks English well

08. play the violin

09. gets up early in the morning

10. helps me

11. needs three pieces of bread

12. has beautiful flowers

[해설]

02. restaurant(식당)는 3인칭 단수이다.

03. x로 끝나는 동사는 es를 붙인다.

Final Step

❶
01. eat	02. goes	03. have
04. work	05. makes	06. gets
07. sings	08. runs	09. visits
10. finishes		

[해설]

10. sh로 끝나는 동사의 경우에는 es를 붙이면 된다.

❷
01. studies	02. writes	03. teaches
04. washes	05. buy	06. watch
07. drives	08. come	09. stays
10. has		

[해설]

10. have의 3인칭 단수형은 has이다.

Exercise

01. ②	02. ③	03. ⑤	04. ③	05. ④
06. ③	07. ④	08. ②	09. ①	10. ⑤
11. ②	12. ④			

13. (1) speaks (2) swims (3) have

14. know   15. sleeps   16. teaches

[해석 및 해설]

03. 그들은 매일 TV를 본다. *동사가 watch이므로 3인칭 단수가 주어로 올 수 없다.

04. 그녀는 방과 후에 컴퓨터게임을 한다. *동사가 plays이므로 3인칭 단수가 주어로 와야 한다.

05. ① 그는 식사 전에 손을 씻는다.
② 그녀는 버스를 타고 학교에 간다.
③ Sam은 한국음식을 좋아한다.
④ 내 여동생(누나)은 매일 열심히 공부한다.
⑤ 어머니는 아침에 커피를 드신다.
*my sister는 3인칭 단수 주어이다.

06. ① 내 사촌은 바이올린을 연주한다.
② 내 삼촌은 트럭을 운전하신다.
③ Jack과 나는 아침 일찍 일어난다.
④ 그들은 그를 안다.
⑤ 나는 8시에 저녁을 먹는다.
*③ 주어가 Jack and I로 복수이다.

07. 우리는 우유를 _____.

08. 그녀는 피자를 _____.

09. ① 그는 컴퓨터 게임을 즐긴다.

② 그들은 신선한 우유를 원한다.

③ 그 소년은 축구를 한다.

④ 나는 이모(고모) 댁을 방문한다.

⑤ 수업은 9시에 시작한다.

10. ① Kathy는 매일 책을 읽는다.

② 우리는 체육관에서 농구를 한다.

③ 그 도서관은 7시에 연다.

④ 그 아기는 밤에 운다.

⑤ 그 소녀들은 자신의 컴퓨터를 가지고 있다.

11. Susie는 고양이 한 마리가 있다.

내 부모님들은 나를 사랑하신다.

12. Tom과 그의 형(동생)은 영어를 배운다.

그녀는 치즈 두 조각이 필요하다.

13. (1) Amy는 영어로 말을 잘한다.

(2) 그녀는 강에서 수영을 한다.

(3) 그들은 정오에 점심을 먹는다.

14. Julie와 나는 그 소년을 안다. *주어 Julie and I는 복수이므로 동사(know)에 s를 붙이지 않는다.

15. 그 아기는 10시간 동안 잠을 잔다.

16. 아빠는 중학교에서 과학을 가르치신다. *my father 는 3인칭 단수이므로 동사(teach)에 es를 붙인다.

Chapter 02. 일반동사 Ⅱ

Unit 01. 일반동사의 부정문

Warm up

01. do not	02. do not	03. do not
04. does not	05. do not	06. does not
07. does not	08. do not	09. do not
10. does not	11. do not	12. does not
13. does not	14. does not	15. do not

[해석 및 해설]

01. 나는 사과를 좋아하지 않는다.

02. 그들은 학교에 가지 않는다.

03. 내 친구들은 개가 없다.

*my friends는 3인칭 복수이므로 do를 사용한다.

04. 엄마는 차가 없으시다.

05. Tom과 Jane은 축구를 하지 않는다.

*주어가 3인칭 복수이므로 do를 사용한다.

06. 그의 형(동생)은 안경을 끼지 않는다.

07. 아빠는 영어를 가르치지 않으신다.

08. 그 개들은 빨리 달리지 않는다.

09. 그녀와 나는 일찍 일어나지 않는다.

10. Sam은 TV를 보지 않는다.

11. 그들은 쌀을 먹지 않는다.

12. Sara는 우유를 마시지 않는다.

13. 삼촌은 소들을 가지고 있지 않다.

14. 그의 누나(여동생)는 새 휴대폰을 원하지 않는다.

15. 우리는 컴퓨터게임을 하지 않는다.

First Step

❶
01. don't	02. doesn't	03. doesn't
04. doesn't	05. doesn't	06. don't
07. don't	08. doesn't	09. doesn't
10. don't	11. don't	12. don't

❷
01. doesn't	02. doesn't	03. doesn't
04. don't	05. don't	06. don't
07. doesn't	08. doesn't	09. doesn't
10. doesn't	11. doesn't	12. don't

Second Step

❶
01. don't	02. doesn't	03. does
04. do	05. do	06. does
07. is	08. does	09. is
10. do	11. do	12. don't

[해석 및 해설]

01. 나는 물이 필요하지 않다.

02. Sam은 영어로 말을 잘하지 못한다.

*주어가 3인칭 단수이므로 doesn't가 온다.

03. 그의 아버지는 집에 늦게 오지 않으신다.

*주어가 3인칭 단수이므로 does가 온다.

04. John과 Cathy는 컴퓨터게임을 즐기지 않는다.

*주어가 복수이므로 do가 온다.

05. 우리는 쇼핑몰에 가지 않는다. *be동사와 일반동 사 go는 함께 쓸 수 없다. 주어가 1인칭 복수이므 로 do가 온다.

06. Sara는 내 오빠를 좋아하지 않는다.

*be동사와 일반동사 like는 함께 쓸 수 없다.

07. 이 치마는 비싸지 않다. *'~이다'를 나타내는 be동 사가 필요한 문장이다. do not/don't 다음에는 동

사원형이 와야 한다.

08. Jane은 수학선생님이 되고 싶지 않다.

09. 내 아들은 다섯 살이 아니다.

10. 그 아이들은 오늘 학교에 가지 않는다.

11. 그녀와 나는 커피를 마시지 않는다.

12. 우리는 고기가 전혀 없다.

　　*주어가 1인칭 복수이므로 don't가 온다.

❷ 01. don't　　**02.** don't　　**03.** doesn't

04. are　　**05.** does　　**06.** doesn't

07. are　　**08.** don't　　**09.** do

10. is　　**11.** don't　　**12.** don't

[해석 및 해설]

01. 우리는 너의 도움이 필요하지 않다.

02. 나는 휴대폰이 없다.

03. 그녀의 삼촌은 고기를 전혀 먹지 않으신다.

　　*주어가 3인칭 단수이므로 doesn't가 온다.

04. 그녀와 나는 지금 배고프지 않다. *'~이다'를 나타내는 be동사가 필요한 문장이다. do not/don't 다음에는 동사원형이 와야 한다.

05. Kevin은 낚시를 가지 않는다.

　　*주어가 3인칭 단수이므로 does가 온다.

06. 내 아버지는 밤에 TV를 보지 않으신다.

　　*주어가 3인칭 단수이므로 doesn't가 온다.

07. 이 자동차들은 나의 삼촌 것이 아니다.

08. Kevin과 그의 친구는 야구를 하지 않는다.

　　*주어가 복수이므로 don't가 온다.

09. 내 딸들은 당근을 좋아하지 않는다.

10. 그 남자는 나의 과학 선생님이 아니다.

11. 저 과일들은 씨가 없다. *주어가 복수이므로 don't가 온다.

12. 그 여성들은 바지를 입지 않는다.

Third Step

01. They don't like apples.

02. Kelly doesn't teach math

03. The shopping mall doesn't close

04. The animal doesn't have a long neck.

05. The bird doesn't have big wings.

06. Jessica doesn't bake cookies.

07. They don't need my help.

08. Sally doesn't take a walk

09. They don't sleep

10. Sam and Tom don't take a shower

11. James doesn't visit many museums.

12. He doesn't tell a lie.

[해석 및 해설]

01. 그들은 사과를 좋아한다.

02. Kelly는 학교에서 수학을 가르친다. *조동사(does) 다음에는 동사원형(teach)이 와야 한다. 동사에 s나 es를 붙이지 않는다.

03. 쇼핑몰은 9시에 문을 닫는다.

04. 그 동물은 긴 목을 가지고 있다.

　　*has의 동사원형은 have이다.

05. 그 새는 큰 날개를 가지고 있다.

06. Jessica는 쿠키를 굽는다.

07. 그들은 내 도움이 필요하다.

08. Sally는 아침에 산책을 한다.

09. 그들은 바닥에서 잠을 잔다.

10. Sam과 Tom은 아침에 샤워를 한다.

11. James는 많은 박물관을 방문한다.

12. 그는 거짓말을 한다.

Writing Step

01. doesn't wear a necklace

02. don't do their best

03. doesn't need warm water

04. doesn't drive a car slowly

05. don't sell fruits at a market

06. doesn't have a zoo

07. don't like Korean food

08. doesn't sell chocolate

09. don't do homework in the library

10. don't have two daughters

11. doesn't go to the office by bus

12. doesn't have a cold

Unit 02. 일반동사의 의문문

Warm up

01. Do　　**02.** Do　　**03.** Does

04. Does　　**05.** Do　　**06.** Does

07. Does	08. Do	09. Do
10. Does	11. Do	12. Does
13. Does	14. Do	15. Do

[해석 및 해설]

01. 너는 음악을 좋아하니?

02. 그들은 학교에 가니?

03. 네 언니는 고양이를 가지고 있니?

04. 그는 차를 가지고 있니?

05. 그녀와 Tom은 피아노를 연주하니?

  *주어는 Tom and she로 3인칭 복수이다.

06. 네 아버지는 안경을 쓰시니?

07. 네 엄마는 영어를 가르치시니?

08. 네 개들은 빨리 달리니?

09. 그 학생들은 수학을 배우니?

10. Sam은 너를 초대하니?

11. 그들은 정오에 점심을 먹니?

12. Sara는 우유를 마시니?

13. 그의 삼촌은 농장을 가지고 계시니?

14. 너는 일찍 일어나니?

15. 우리가 깨끗한 물이 있니?

First Step

❶ 01. Do, like   02. Does, help

   03. Do, go   04. Does, like

   05. Does, wash   06. Does, eat

   07. Do, live   08. Do, stay

   09. Does, prepare   10. Does, have

   11. Do, meet   12. Do, remember

   13. Do, understand   14. Does, cry

   15. Does, take

[해석 및 해설]

01. 너는 네 개를 좋아하니?

02. Jenny는 너를 도와주니?

03. 너와 Jane은 같은 학교에 다니니?

04. 너의 아버지는 스포츠를 좋아하시니?

05. 그녀는 설거지를 하니?

06. 네 고양이는 생선을 먹니?

07. 네 친구들은 서울에 사니?

08. 그들은 시카고에 머무르니?

09. 네 누나는 시험을 준비하니?

10. Mary는 돈이 좀 있니?

11. 너는 네 친구들을 토요일에 만나니?

12. 너와 네 여동생은 나를 기억하니?

13. 그 아이들은 네 질문을 이해하니?

14. 그 아기는 하루 종일 우니?

15. 네 엄마는 낮잠을 주무시니?

❷ 01. they have computers

02. you and Kelly learn history

03. your parents remember my name

04. your teacher teach math

05. they live in Seoul

06. your friends like pizza

07. go jogging every morning

08. your uncle grow vegetables

09. you go to the concert

10. the animal have long legs

11. your friends go to bed early

12. she take care of her baby

Second Step

❶ 01. they do   02. he does

   03. it does   04. he doesn't

   05. she doesn't   06. they do

   07. he doesn't   08. we do

   09. I(we) do   10. they don't

   11. we don't   12. she does

[해석 및 해설]

01. 그들은 꽃을 좋아하니? 응, 그래.

02. 네 아버지는 우체국에서 일하시니? 응, 그래.

  *your father는 대명사 he로 받는다.

03. 그 쇼핑몰은 9시에 문을 여니? 응, 그래.

  *the shopping mall은 대명사 it으로 받는다.

04. Mike는 저녁을 요리하니? 아니, 그렇지 않아.

05. 네 여동생(누나)은 춤을 잘 추니? 아니, 그렇지 않아.

06. 네 친구들은 일본어를 배우고 있니? 응, 그래.

07. 그는 새 양말을 원하니? 아니, 그렇지 않아.

08. 너와 Kelly는 해변에 가니? 응, 그래.

  *주어 you and Kelly는 대명사 we로 받는다.

09. 너(희)는 내 주소를 아니? 응, 그래.

  *의문문에서 you는 대명사 I 또는 we로 받는다.

10. Sam과 Jane은 아침식사를 하니? 아니, 그렇지

않아.

11. 너와 Tom은 함께 점심을 먹니? 아니, 그렇지 않아.

12. 네 엄마는 매일 책을 읽으시니? 응, 그래.

② 01. Does he want ice cream?

02. Do they buy many apples?

03. Does the store sell T-shirts?

04. Do his friends exercise every day?

05. Does that animal have long legs?

06. Does she finish her homework before dinner?

07. Does the park have many trees?

08. Does Jack love action movies?

09. Does John invite his friends to his birthday party?

10. Do John and Sam know her e-mail address?

11. Does his father come home at ten?

12. Do they ride bicycles at the park?

[해석 및 해설]

01. 그는 아이스크림을 원한다.

02. 그들은 많은 사과를 산다. *의문문을 만들 때는 주어에 따라 Do, Does를 붙이고 주어와 동사원형의 순서로 쓴다.

03. 그 가게는 티셔츠를 판다. *주어 the store는 3인칭 단수이므로 의문문은 Does로 시작한다.

04. 그의 친구들은 매일 운동한다.

05. 저 동물은 긴 다리를 가지고 있다.

06. 그녀는 저녁식사 전에 숙제를 끝낸다.

07. 그 공원은 많은 나무들이 있다.
 *has의 동사원형은 have이다.

08. Jack은 액션영화를 좋아한다.

09. John은 그의 친구들을 자신의 생일파티에 초대한다.

10. John과 Sam은 그녀의 이메일 주소를 알고 있다. *주어가 John and Sam으로 복수이므로 의문문 조동사 Do를 사용한다.

11. 그의 아버지는 10시에 집에 오신다.

12. 그들은 공원에서 자전거를 탄다.

Third Step

01. Do you have a sports car?

02. Does Kelly write a diary every day?

03. Does your brother have a yellow bag?

04. Do the animals eat grass?

05. Do they live in Seoul?

06. Do your friends do their homework?

07. Do Sara and Susie clean the room?

08. Does Sally visit her uncle?

09. Does your cat sleep under the chair?

10. Do Sam and Tom go shopping?

11. Does Mike like this shirt?

12. Do you help your mom?

[해석 및 해설]

01. 너는 스포츠카가 있니?
 *has의 동사원형은 have이다. 2인칭에는 do가 온다.

02. Kelly는 매일 일기를 쓰니? *주어 Kelly는 3인칭 단수이므로 의문문을 만들 때 does를 사용한다.

03. 네 오빠(남동생)는 노란 가방을 가지고 있니?

04. 그 동물들은 풀을 먹니? *주어 animals는 복수이므로 의문문을 만들 때 do를 사용한다.

05. 그들은 서울에서 사니?

06. 네 친구들은 숙제를 하니?

07. Sara와 Susie는 방 청소를 하니? *의문문에서 Do 다음에는 동사원형(clean)이 와야 한다.

08. Sally는 그녀의 삼촌을 방문하니? *의문문에서 Does 다음에는 동사원형(visit)이 와야 한다.

09. 네 고양이는 의자 밑에서 자니? *주어 your cat은 3인칭 단수이므로 의문문을 만들 때 does를 사용한다.

10. Sam과 Tom은 쇼핑을 하러 가니?

11. Mike는 이 셔츠를 좋아하니? *의문문에서 Does 다음에는 동사원형(like)이 와야 한다.

12. 너는 엄마를 돕니?

Writing Step

01. Do you like

02. Does he go

03. Does your brother have

04. Does Sam have

05. Do your friends play

06. Does your father wear

07. Do Jack and Mike run

08. Do the students speak
09. Do your parents have
10. Does your sister read
11. Does she drive
12. Do your brothers get up

[해설]

02. Does 뒤에 오는 일반동사에는 s나 es를 붙이지 않는다. 주어가 3인칭 단수 he이므로 의문문을 만들 때 does를 사용해야 한다.

07. 주어가 3인칭 복수이므로 의문문을 만들 때 do를 사용해야 한다.

Final Step

❶ 01. 부정문: He doesn't need my computer.
　　의문문: Does he need my computer?
02. 부정문: The story doesn't have a happy
　　　　　 ending.
　　의문문: Dose the story have a happy ending?
03. 부정문: Sam doesn't cook dinner for his
　　　　　 mom.
　　의문문: Does Sam cook dinner for his
　　　　　 mom?
04. 부정문: They aren't my toys.
　　의문문: Are they my toys?
05. 부정문: You don't eat rice noodles.
　　의문문: Do you eat rice noodles?
06. 부정문: The tree doesn't have many leaves.
　　의문문: Dose the tree have many leaves?
07. 부정문: She and Sam don't eat hamburgers
　　　　　 for lunch.
　　의문문: Do she and Sam eat hamburgers
　　　　　 for lunch?
08. 부정문: We don't stay home in the morning.
　　의문문: Do we stay home in the morning?

[해석 및 해설]

01. 그는 내 컴퓨터가 필요하다.
02. 그 이야기는 해피엔딩이다.
03. Sam은 엄마를 위해 저녁식사를 요리한다.
04. 그것들은 내 장난감들이다. *be동사의 부정문은 be동사 다음에 not을 붙이면 된다.
05. 너(희)는 쌀국수를 먹는다.

06. 그 나무는 많은 잎을 가지고 있다.
　　 *doesn't 다음에는 동사원형(have)이 온다.
07. 그녀와 Sam은 점심으로 햄버거를 먹는다.
08. 우리는 아침에 집에 머무른다.

❷ 01. Do, drink, I(we) do
02. Do, help, they do
03. Do, wear, we don't
04. Does, have, it doesn't
05. Does, like, she does
06. Is, black, it isn't
07. Do, study, they don't
08. Do, stay, they do
09. Are, Korea, they aren't
10. Does, drink, she does

[해설]

10. Jessica는 일반적으로 여자 이름으로 지어진다.

Exercise

01. ⑤　　02. ③　　03. ⑤　　04. ①　　05. ③
06. ③　　07. ③　　08. ①　　09. ⑤　　10. ①
11. ④　　12. ②　　13. ②　　14. ①
15. James doesn't play the guitar after school.
16. The students don't sing well.

[해석 및 해설]

01. 그들은 피자를 좋아하지 않는다.
02. 그는 저녁식사 후에 커피를 마시니?
03. Jessica는 한국음식을 좋아한다.
04. 그 동물들은 큰 눈을 가지고 있다.
05. 네 친구들은 매일 우유를 마시니?
06. Sam은 내 도움이 필요하다.
07. 그 공원에는 많은 연못이 있다.
08. 너희들은 음악을 좋아하니?
09. _____ 한국음식을 좋아하니? *Do로 시작하는 의문문이므로 3인칭 단수가 주어로 올 수 없다.
10. _____ 내 도움을 원하지 않는다.
　　 *조동사 doesn't이므로 주어는 3인칭 단수여야 한다.
11. ① 우리는 토요일에는 학교에 가지 않는다.
　　 ② 그들은 신선한 우유가 필요하다.
　　 ③ 그의 여동생(누나)들은 고양이들이 없다.
　　 ④ 그는 아침을 먹지 않는다.

⑤ 나는 피아노를 치지 않는다.

12. ① 너는 여름을 좋아하니?

② 네 친구들은 도시에 사니?

③ 그들은 네 차를 세차하니?

④ 그는 지금 돈이 있니?

⑤ 너는 기타를 치니?

13. ① 너는 햄버거를 좋아하니?

② 네 형(동생)은 일기를 쓰니?

③ 그들은 동전이 많이 있니?

④ 너희는 새 드레스들을 원하니?

⑤ 그들이 거짓말을 하니?

14. 너와 Ane은 사전을 이용하니?

그 학생들은 교복을 입지 않는다.

15. James는 방과 후에 기타를 친다.

16. 그 학생들은 노래를 잘한다.

Chapter 03. 현재진행형

Unit 01. 현재진행형 만들기

Warm up

01. cleaning	02. studying	03. running
04. drinking	05. walking	06. singing
07. sitting	08. dying	09. writing
10. reading	11. cutting	12. listening
13. talking	14. helping	15. flying
16. working	17. playing	18. watching
19. teaching	20. baking	21. eating
22. driving	23. lying	24. going
25. trying	26. speaking	27. looking
28. beginning	29. chatting	30. coming

[해설]

03. 「단모음+단자음」으로 끝나는 동사는 마지막 자음을 하나 더 쓰고 ing를 붙인다.

08. ie로 끝나는 동사는 ie를 y로 바꾸로 ing를 붙인다.

09. 「자음+e」로 끝나는 동사는 e를 없애고 ing를 붙인다.

First Step

❶ 01. is studying　　02. is reading

03. do　　　　　　04. is making

05. is writing　　　06. are watching

07. is washing　　 08. is waiting

09. is sitting　　　10. take

11. plays　　　　　12. is sleeping

[해설]

01. '～하고 있다'는 진행을 나타내는 동사는 현재진행형을 쓴다.

03. 반복이나 습관은 현재형을 사용한다.

❷ 01. are playing　　02. is drawing

03. have　　　　　04. is making

05. are catching　 06. are drinking

07. rides　　　　　08. goes

09. is sleeping　　10. take

11. is raining　　　12. are flying

[해설]

01. '～하고 있다'는 진행을 나타내는 동사는 현재진행형을 쓴다.

03. 반복되는 일상은 현재형을 쓴다.

Second Step

❶ 01. am doing　　　02. is singing

03. are running　　04. am taking

05. is waiting　　　06. is writing

07. are taking　　　08. is sleeping

09. is drinking　　 10. are swimming

11. is visiting　　　12. is talking

13. is parking　　　14. is speaking

15. is asking

[해석 및 해설]

01. 나는 지금 숙제를 하고 있다.

*지금 하고 있는 일은 현재진행형을 사용한다.

02. 그녀는 지금 무대 위에서 노래를 부르고 있다.

03. 우리는 학교로 달려가고 있다.

04. 나는 샤워 중이다.

05. 그는 기차를 기다리고 있다.

06. Jessica는 이메일을 쓰고 있다.

07. David과 John은 함께 산책을 하고 있다.

08. 아빠가 침대에서 주무시고 계시다.

09. Kevin은 지금 우유를 마시고 있는 중이다.

10. 우리는 수영장에서 수영하고 있다. *「단모음+단자

음」으로 끝나는 동사는 마지막 자음을 하나 더 쓰고 ing를 붙인다.

11. 그녀는 사촌을 방문 중이다.

12. Ted는 전화로 얘기 중이다.

13. 아버지는 지금 주차를 하고 계시다.

14. Jim은 청중에게 말하고 있다.

15. 그녀는 그에게 질문을 하고 있다.

❷ **01.** am studying   **02.** is washing
03. are selling   **04.** is driving
05. is eating   **06.** are reading
07. are wearing   **08.** is catching
09. is practicing   **10.** are moving
11. are building   **12.** are watching
13. are buying   **14.** are taking a rest
15. is looking at

[해석 및 해설]

01. 나는 지금 영어공부를 하고 있다.

02. 그녀는 지금 설거지를 하고 있다.

03. 그들은 지금 생선을 팔고 있다.

04. 아버지는 운전을 하고 있는 중이시다.

05. 그는 피자를 먹고 있다.

06. 부모님이 거실에서 책을 읽고 계신다.

07. 그녀와 나는 모자를 쓰고 있다.

08. 아버지가 강에서 고기를 잡고 계신다.

09. Jackson은 지금 바이올린을 연습하고 있다.
   *「자음+e」로 끝나는 동사는 e를 없애고 ing를 붙인다.

10. 우리는 상자를 나르고 있다.

11. 그녀와 나는 모래성을 쌓고 있다.

12. 나의 친구들은 야구경기를 보고 있다.

13. 그들은 검정 재킷을 사고 있다.

14. 근로자들은 지금 휴식을 하고 있다.

15. 엄마는 창문을 바라보고 있다.

Third Step

01. 책을 읽고 있다   **02.** 앉아 있다
03. 산책을 하고 있다   **04.** 미술관(박물관)에 간다
05. 보내고 있다   **06.** 노래를 하고 있다
07. 침대 위에서 자고 있다   **08.** 좋아한다
09. 컴퓨터게임을 하고 있다   **10.** 저녁을 먹고 있다
11. 신문을 읽고 있다   **12.** 세수를 하고 있다

[해설]

05. have는 '보내다'라는 뜻으로 진행형으로 만들 수 있다.

Writing Step

01. am using my computer

02. is drinking orange juice

03. is brushing his teeth

04. is sitting on the sofa

05. is flying in the sky

06. are walking to the library

07. is taking a nap

08. is chatting with her friends

09. is reading a magazine

10. is baking some cookies

11. is cleaning the house

12. is wearing glasses

[해설]

01. 「자음+e」로 끝나는 동사는 e를 없애고 ing를 붙인다.

04. 「단모음+단자음」으로 끝나는 동사는 마지막 자음을 하나 더 쓰고 ing를 붙인다.

Unit 02. 현재진행형의 부정문과 의문문

Warm up

❶ love, hear, know, like, see, hate, have, want, need

[해설]

감정이나 소유, 감각, 인식을 나타내는 동사는 진행형으로 만들 수 없다.

❷ **01.** knows   **02.** needs   **03.** want
04. likes   **05.** love   **06.** hate

[해석 및 해설]

01. Susan은 내 삼촌을 안다.
   *인식을 나타내는 know는 진행형으로 쓸 수 없다.

02. 아버지는 물이 조금 필요하시다. *소유를 나타내는 need, want 등은 진행형으로 쓸 수 없다.

03. 우리는 딸기를 원한다.

04. 그녀는 스파게티를 좋아한다. *감정을 나타내는 like, love, hate 등은 진행형으로 쓸 수 없다.

05. 나는 부모님을 사랑한다.

06. 우리는 그들을 싫어한다.

First Step

❶ **01.** Is, cleaning   **02.** Are, reading

   03. Is, raining   **04.** Is, standing

   05. Do, take   **06.** Is, painting

   07. Do, love   **08.** Do, go

   09. Does, play   **10.** Do, go

   11. Are, drinking   **12.** Is, wearing

[해설]

01. 지금 하고 있는 일은 현재진행형을 사용한다.

05. 반복되는 일은 현재시제를 사용한다.

07. 감정을 나타내는 love는 진행형을 쓸 수 없다.

❷ **01.** Is, swimming   **02.** Are, waiting

   03. Is, preparing   **04.** Is, having

   05. Are, taking   **06.** Are, practicing

   07. Are, having   **08.** Is, talking

   09. Is, helping   **10.** Is, wearing

   11. Is, running   **12.** Are, crossing

   13. Are, singing   **14.** Is, dancing

   15. Is, cutting

[해석 및 해설]

01. 그는 수영장에서 수영하고 있니?

   *지금 하고 있는 일은 현재진행형을 사용한다.

02. 너는 지금 택시를 기다리고 있니?

03. Sam은 시험을 준비하고 있니?

04. 네 여동생은 지금 저녁을 먹고 있니?

05. 그들은 사진을 찍고 있는 중이니?

06. 너와 Tom은 농구연습을 하는 중이니?

07. 그들은 지금 즐거운 시간을 보내고 있니?

08. 그는 컴퓨터게임에 대해서 얘기하고 있니?

09. James는 지금 아버지를 돕고 있니?

10. 너의 어머니는 지금 안경을 쓰고 계시니?

11. 그녀는 엄마에게 달려가고 있니?

12. 너의 아이들이 지금 거리를 건너가고 있니?

13. 그녀의 친구들은 노래를 부르고 있니?

14. Jane이 무대에서 춤추고 있니?

15. 네 엄마는 당근을 자르고 계시니?

Second Step

❶ **01.** He is not watching TV.

   02. Kevin is not doing his homework.

   03. She and I are not listening to music.

   04. David is not washing his hands.

   05. They are not standing in front of the gate.

   06. She is not taking care of her children now.

   07. The farmers are not taking a rest.

   08. I am not saving money for the future.

   09. His friend is not writing a letter now.

   10. They are not using a copy machine.

   11. Tom is not dancing on the stage.

   12. I am not going to the shopping mall.

[해석]

01. 그는 TV를 보고 있다.

02. Kevin은 숙제를 하고 있는 중이다.

03. 그녀와 나는 음악을 듣고 있다.

04. David는 손을 닦고 있다.

05. 그들은 문 앞에 서 있다.

06. 그녀는 지금 아이들을 돌보고 있다.

07. 농부들은 휴식을 하고 있는 중이다.

08. 나는 미래를 위해 저축을 하고 있다.

09. 그의 친구는 지금 편지를 쓰고 있다.

10. 그들은 복사기를 사용하고 있는 중이다.

11. Tom은 무대에서 춤을 추고 있다.

12. 나는 쇼핑몰에 가는 중이다.

❷ **01.** is not playing   **02.** is not snowing

   03. are not exercising   **04.** is not crying

   05. are not listening   **06.** is not catching

   07. am not thinking   **08.** is not having

   09. is not driving   **10.** is not smiling

   11. is not writing   **12.** is not studying

   13. is not taking   **14.** is not drawing

   15. is not reading

[해석 및 해설]

01. Maria는 컴퓨터게임을 하고 있지 않다.

02. 지금 눈이 내리고 있지 않다.

03. 내 친구들은 운동장에서 운동을 하고 있지 않다.

04. 내 여동생(누나)은 방에서 울고 있지 않다.

05. 그들은 지금 라디오를 듣고 있지 않다.

06. 그 어부는 강에서 고기를 잡고 있지 않다.

07. 나는 미래에 대해서 생각하고 있지 않다.

08. Susan은 지금 저녁을 먹고 있지 않다.
    *여기서 have는 '먹다'라는 동작을 나타낸다.

09. 아버지는 운전을 하고 있지 않으시다.

10. 그는 나를 향해 웃고 있지 않다.

11. 그녀는 편지를 쓰고 있지 않다.

12. Maria는 시험공부를 하고 있지 않다.

13. Jane는 지금 샤워를 하고 있지 않다.

14. 그는 그림을 그리고 있지 않다.

15. Jack은 지금 책을 읽고 있지 않다.

Third Step

01. Is, washing
02. Is, sitting
03. Is, examining
04. Are, flying
05. is not making
06. is standing
07. Is, snowing
08. is buying
09. Are, going
10. am not staying

Writing Step

01. are not studying English
02. is not riding a bike
03. your father reading a newspaper
04. is not sleeping on her bed
05. Tim eating oranges
06. they doing their homework
07. is not cleaning the kitchen
08. are not staying in Seoul
09. your parents taking a walk
10. is not meeting her friends
11. they waiting for a taxi
12. is not cutting trees

[해설]

02. 현재진행형 문장이므로 동사는 「be동사+-ing」 형
    태로 바꿔라.

03. 현재진행형 의문문이므로 be동사가 문장 앞에 온다.

04. 현재진행형 부정문은 「be동사+not+-ing」 형태이다.

Final Step

❶ 01. I'm going to the park now.

  02. I know you.

  03. We want new shoes.

04. It is raining now.

05. Do you have many friends?

06. I am not eating a hamburger now.

07. We are not studying history now.

08. They practice baseball every day.

09. Jack is talking about the future.

10. Gina and I are traveling in Europe.

11. I am having a great time in Seoul.

12. She likes animals.

[해설]

01. 현재 하고 있는 일은 현재진행형을 사용한다.

02. 인식을 나타내는 know는 진행형으로 쓸 수 없다.

03. 소유를 나타내는 want나 have 등은 진행형으로
    쓸 수 없다.

06. 현재진행형의 부정문은 「be동사+not+-ing」 형
    태이다.

08. 반복적인 일을 나타내므로 현재시제를 쓴다.

09. 3인칭 단수의 be동사는 is이다.

10. 주어가 복수이므로 be동사는 are이다.

12. like는 진행형으로 쓸 수 없다.

❷ 01. Is she drinking milk?

02. Is the girl walking in the rain?

03. He is not taking a nap in the room.

04. Does she have many apples?

05. I don't know his father.

06. Are they waiting for their mom?

07. Is she opening the door?

08. Tom and John are not taking a rest.

09. Is she drinking cold water?

10. Is the animal drinking water?

11. Sally is not looking for her glasses.

12. Are they talking about the exam results?

[해석 및 해설]

01. 그녀는 우유를 마시고 있다.
    *현재진행형 의문문은 be동사를 문두에 둔다.

02. 그 소녀는 빗속을 걷고 있다.

03. 그는 방에서 낮잠을 자고 있다.
    *현재진행형 부정문은 be동사 뒤에 not을 붙인다.

04. 그녀는 사과를 많이 가지고 있다.
    *일반동사 의문문은 주어에 따라 do/does를 문
    두에 둔다.

05. 나는 그의 아버지를 안다. *일반동사 부정문은 주
어에 따라 do/does 다음에 not을 붙인다.
06. 그들은 엄마를 기다리고 있다.
07. 그녀는 문을 열고 있다.
08. Tom과 John은 쉬고 있다.
09. 그녀는 찬물을 마시고 있다.
10. 그 동물은 물을 마시고 있다.
11. Sally는 그녀의 안경을 찾고 있다.
12. 그들은 시험결과에 대해 얘기 중이다.

Exercise

01. ⑤　　**02.** ④　　**03.** ③　　**04.** ②　　**05.** ⑤
06. ②　　**07.** ①　　**08.** ⑤　　**09.** ③　　**10.** ④
11. ③　　**12.** ②

13. Is the girl washing the clothes?
14. James is not having dinner at the restaurant.
15. am watching　　**16.** is meeting

[해석 및 해설]
03. ① 그들은 숙제를 하고 있다.
　　② 그 소년들이 테니스를 치고 있다.
　　③ 그녀는 책을 읽고 있지 않다.
　　④ Sam은 샤워를 하고 있다.
　　⑤ Jane은 벤치에 앉아 있다.
04. ① 우리는 풀에서 수영을 하고 있다.
　　② 그들은 오렌지를 좋아한다.
　　③ 내 동생(오빠)은 소파에서 자고 있다.
　　④ 그 학생들이 마루에서 춤을 추고 있다.
　　⑤ 아버지는 우리를 기다리고 계시다.
　　*감정을 나타내는 like는 진행형으로 쓸 수 없다.
06. Sam과 나는 도서관에서 공부하고 있다.
　　그녀는 지금 영어공부를 하고 있다.
07. 그녀와 나는 지금 산책하고 있다. / Jack은 쉬고 있다.
08. A: 음악을 듣고 있니?
09. ① 그녀는 피아노를 치고 있니? 응, 그래.
　　② 그들은 쿠키를 만들고 있니? 아니, 그렇지 않아.
　　③ Sam은 숙제를 하고 있니? 아니, 그렇지 않아.
　　④ 그 소녀들은 벤치에 앉아 있니? 응, 그래
　　⑤ 그들은 사진을 찍고 있니? 아니, 그렇지 않아.
　　*진행형 부정문은 be동사 다음에 not을 붙인다.
10. ① 네 아버지는 저녁식사 중이시니? 응, 그래.
　　② 네 삼촌은 문을 고치고 계시니? 아니, 그렇지 않아.
　　③ Jack은 영어를 가르치고 계시니? 응, 그래.

④ 그 연은 하늘에서 날고 있니? 응, 그래.
　　⑤ 그는 버스를 기다리고 있니? 아니, 그렇지 않아.
　　*the kite는 대명사 it으로 받는다.
11. 그녀는 지금 무대에서 노래하고 있다.
　　*현재진행형과 함께 쓸 수 있는 시간의 부사를 고른다.
13. 그 소녀는 빨래를 하고 있다.
14. James는 레스토랑에서 저녁을 먹고 있다.

Chapter 04. 형용사

Unit 01. 형용사의 종류 및 역할

Warm up

01	beautiful	아름다운	16	warm	따뜻한
02	fresh	신선한	17	large	큰
03	sad	슬픈	18	tall	키가 큰, 높은
04	ugly	추한, 못생긴	19	short	키가 작은, 작은
05	new	새로운	20	wonderful	멋진, 훌륭한
06	old	오래된, 낡은	21	second	두 번째의
07	pretty	예쁜	22	first	첫 번째의
08	nice	좋은, 멋진	23	good	좋은
09	dirty	더러운	24	red	빨간색의
10	clean	깨끗한	25	black	검정색의
11	sunny	맑은	26	salty	짠, 소금이 든
12	rainy	비가 오는	27	sweet	달콤한
13	hot	더운, 뜨거운	28	bitter	맛이 쓴
14	cool	시원한	29	delicious	맛있는
15	windy	바람 부는	30	cloudy	구름이 낀, 흐린

First Step

❶ **01.** new　　**02.** honest　　**03.** three
　04. delicious　**05.** beautiful　**06.** tall
　07. small　　**08.** hot　　**09.** cheap
　10. old　　**11.** sunny　　**12.** angry
　13. cute　　**14.** long　　**15.** cloudy

[해석 및 해설]
01. 이것은 내 새 자전거이다.

*상태 성질을 나타내는 형용사 new가 있다.

02. 그들은 정직한 학생들이다. *be동사 다음에 나와서 주어를 보충 설명하고 있다.

03. 우리는 그 세 명의 소년들을 안다.

04. 그 쿠키들은 매우 맛있다.

05. 그 아름다운 소녀는 내 여동생(누나)이다.

06. 그는 키가 크다. *be동사 다음에 형용사 tall이 나와서 주어 he를 보충 설명하고 있다.

07. 그녀는 작은 가방이 필요하다.

08. 나는 뜨거운 커피를 원한다.

09. 엄마는 싼 옷을 사신다.

10. 저 기계는 매우 낡았다.

11. 오늘은 날씨가 맑다.

12. 내 부모님은 지금 화가 나셨다.

13. 그 아기들은 매우 귀엽다.

14. 그것은 긴 기차다.

15. 지금 날씨가 흐리다.

❷ **01.** new **02.** cold **03.** sweet
04. tired **05.** tall **06.** lazy
07. small **08.** warm **09.** boring
10. ugly **11.** salty **12.** wonderful

[해설]
06. be동사 다음에 형용사가 나와서 주어 Jack을 보충 설명하고 있다.

Second Step

❶ **01.** windy **02.** short **03.** high
04. salty **05.** easy **06.** poor
07. delicious **08.** hot **09.** cloudy
10. heavy

❷ **01.** cold **02.** boring **03.** dirty
04. rich **05.** bitter **06.** thirsty
07. sick **08.** kind **09.** rainy
10. hungry

[해석]
01. 오늘 날씨가 춥다. **02.** 이 책은 지루하다.
03. 그의 방은 더럽다. **04.** 그는 부자다.
05. 커피가 쓰다. **06.** 나는 목이 마르다.
07. 그는 아프다. **08.** 그녀는 매우 친절하다.
09. 지금 비가 온다. **10.** 그는 지금 배가 고프다.

Third Step

01. happy **02.** short **03.** cloudy
04. clean **05.** small **06.** busy
07. popular **08.** dangerous **09.** diligent
10. white **11.** lovely **12.** sad

[해설]
08. be동사 다음에 형용사(dangerous)가 와서 주어를 보충 설명하고 있다.

Writing Step

01. is not tall **02.** is not sunny today
03. is not safe **04.** is not clean
05. is very beautiful **06.** are too expensive
07. is not cheap **08.** is very interesting
09. Is, very tired now **10.** are sleepy now
11. are not busy now **12.** Is, kind to you

Unit 02. 반대의 뜻을 가지 형용사와 그 역할

Warm up

01	big	큰	21	heavy	무거운
02	dirty	더러운	22	light	가벼운
03	clean	깨끗한	23	easy	쉬운
04	high	높은	24	difficult	어려운
05	low	낮은	25	fast	빠른
06	rich	부유한	26	slow	느린
07	poor	가난한	27	good	좋은
08	long	긴	28	bad	나쁜
09	short	짧은	29	unhappy	불행한
10	boring	지루한	30	kind	친절한
11	interesting	흥미로운	31	unkind	불친절한
12	diligent	부지런한	32	wrong	틀린
13	lazy	게으른	33	right	옳은
14	cheap	저렴한	34	important	중요한
15	expensive	비싼	35	great	위대한, 대단한
16	brave	용감한	36	lovely	사랑스러운
17	dangerous	위험한	37	friendly	다정한
18	safe	안전한	38	popular	인기 있는

19	foolish	어리석은	39	special	특별한
20	funny	재미있는	40	enough	충분한

First Step

❶ 01. delicious　02. wonderful　03. foolish
04. big　05. rainy　06. lovely
07. interesting　08. old　09. popular
10. important　11. lazy　12. wrong

❷ 01. small　02. short　03. diligent
04. light　05. dirty　06. weak
07. difficult　08. high　09. expensive
10. slow　11. poor　12. cold
13. thick　14. old　15. boring

Second Step

❶ 01. a cute girl　02. a fast dog
03. a strong man　04. a smart cat
05. a weak boy　06. a slow train
07. a sharp knife　08. a wonderful house
09. He is a lazy student.
10. It is a delicious cake.
11. He is a brave man.
12. It is a special car.

[해석 및 해설]
01. 그녀는 귀엽다.
　*「관사＋형용사＋명사」의 순으로 명사를 수식한다.
02. 그것은 빠르다.　03. 그는 강하다.
04. 이것은 영리하다.　05. 그는 약하다.
06. 이것은 느리다.　07. 저것은 날카롭다.
08. 이것은 멋지다.　09. 그는 게으르다.
10. 그것은 맛있다.　11. 그는 용감하다.
12. 그것은 특별하다.

❷ 01. long　02. red　03. lazy
04. salty　05. great　06. expensive
07. old　08. yellow　09. brave
10. difficult　11. enough　12. heavy

Third Step

01. large　02. famous　03. honest
04. tall　05. diligent　06. rich

07. hot　08. old　09. right
10. bright

[해석]
01. 나는 큰 사이즈를 원한다.
02. 그는 유명한 배우이다.
03. 그는 정직한 학생이다.
04. 우리는 키 큰 선수가 필요하다.
05. 그들은 부지런한 농부들이다.
06. 그는 부자이다.
07. 그는 뜨거운 수프를 원한다.
08. 그는 오래된 자동차를 가지고 있다.
09. 그의 선생님은 옳은 대답을 원한다.
10. 나는 밝은 색이 필요하다.

Writing Step

01. help poor people　02. is not easy
03. are not fresh　04. am sleepy now
05. is not a foolish man
06. is my lovely daughter
07. his new computer
08. need those old shoes
09. That strong man
10. a very interesting computer game
11. is an important person
12. is a very lovely girl

[해설]
08. 명사가 복수이므로 복수형 지시형용사가 필요하다.
09. 명사가 단수이므로 단수형 지시형용사가 필요하다.

Final Step

❶ 01. She is beautiful.
02. He is a very popular singer.
03. This is my friendly father.
04. It's hot today.
05. They are famous actors.
06. I have three yellow pencils.
07. It is my cute dog.
08. Jackson is a very important scientist.
09. James needs five large rooms.
10. The pond is not deep.
11. Joe has a new computer.

12. She is very tired now.

[해설]

03. 관사는 소유격과 함께 쓰지 않는다.

05. actors는 복수명사이므로 a가 있으면 안 된다.

06. 수량형용사가 먼저 위치한다.

❷ 01. clean   02. heavy   03. lazy
04. smart   05. large   06. dry
07. cheap   08. comfortable
09. boring   10. popular

[해석]

01. 나는 깨끗한 방을 원한다.

02. 그것은 매우 무겁다.

03. 그녀는 게으르다.

04. 그녀는 영리한 소녀이다.

05. 나는 큰 식탁을 원한다.

06. 나는 마른 수건이 필요하다.

07. 나는 저렴한 소파를 찾고 있다.

08. 저 소파는 매우 편하다.

09. 그것은 지루하다.

10. 그것은 한국에서 매우 인기가 있다.

Exercise

01. ③   02. ⑤   03. ④   04. ②   05. ②
06. ④   07. ⑤   08. ②   09. ⑤   10. ①
11. ②   12. ④   13. ②
14. (1) weak   (2) short   (3) poor   (4) expensive
15. tall   16. windy

[해석 및 해설]

05. 그 물을 마시지 마. 그것은 깨끗하지 않아.

06. 이 코트는 매우 비싸다. 나는 저렴한 코트를 원한다.

07. 이 소파는 낡았다. 그는 새 소파가 필요하다.

08. ① 나는 저 작은 강아지들을 좋아한다.
   ② 내 여동생(누나)은 사랑스럽다.
   ③ 그들은 좋은 학생들이다.
   ④ 우리는 커다란 수박을 판다.
   ⑤ 나는 비가 오는 날이 좋다.

09. 이 물은 _____.

10. Jane은 _____ 가방을 가지고 있다.

11. ① 이 작은 집은 나의 것이다.
   ② 이 사람은 내 동생(형)이다.

③ 저 아름다운 꽃들은 튤립이다.
   ④ 나는 저 큰 치즈가 필요하다.
   ⑤ 그는 이 멋진 차를 원한다.

13. ① 나는 저 아름다운 소녀를 좋아한다.
   ② 그녀는 나의 사랑스러운 딸이다.
   ③ 내 아버지는 강하시다.
   ④ 그는 빨간 차를 가지고 있다.
   ⑤ 그녀는 게으른 학생이다.

Review Test (Chapter 1-4)

❶ 01. learn   02. invites   03. want
04. do   05. studies   06. play
07. feel   08. uses   09. visits
10. has   11. want   12. have
13. come   14. gives   15. buys

[해석 및 해설]

01. 나는 학교에서 영어를 배운다.

02. 그녀는 생일파티에 친구들을 초대한다. *주어 she
   는 3인칭 단수이므로 동사에 s를 붙인다.

03. 그들은 피자 세 조각을 원한다.

04. 그 아이들은 방과 후에 숙제를 한다.

05. Amy는 영어공부를 열심히 한다.
   *「자음+y」 경우에는 y를 i로 바꿔 es를 붙인다.

06. 그들은 매일 컴퓨터게임을 한다.

07. 나는 오늘 기분이 좋다.

08. 그녀는 세탁기를 사용한다.

09. 내 삼촌은 가끔 치과에 가신다.

10. Ellen은 사탕을 많이 가지고 있다.

11. 그들은 약간의 딸기를 원한다.

12. 너와 Jane은 친구들이 많다.
   *주어는 복수, 따라서 have가 되어야 한다.

13. Tom과 그의 친구들은 종종 집에 늦게 온다.

14. 아버지는 나에게 약간의 돈을 주신다.

15. 그녀는 시장에서 많은 야채를 산다.
   *「모음+y」 경우에는 그냥 s만 붙이면 된다.

❷ 01. Does, he does   02. Is, she is
03. Do, they don't   04. Does, it doesn't
05. Does, she does   06. Is, it isn't
07. Do, we don't   08. Do, they do
09. Are, they are   10. Does, he does
11. Does, he doesn't   12. Is, it is

❸ 01. Is Jack using a copy machine?

02. Is the man driving his car?

03. It's not raining now.

04. Is she cooking in the kitchen?

05. My brother is not taking a shower now.

06. Are they waiting for their mom?

07. Is Sally cleaning her room?

08. Are Alice and John making a snowman?

09. They are not preparing food for a picnic.

10. Is the bag my mother's?

11. I don't like yellow color.

12. Does he use the subway on Monday?

[해석 및 해설]

01. Jack은 복사기를 사용하고 있다.

　*현재진행형 의문문은 be동사를 문두에 둔다.

02. 그 남자는 자신의 자동차를 운전하는 중이다.

03. 지금 비가 내리고 있다.

04. 그녀는 부엌에서 요리를 하고 있다.

05. 내 동생은 지금 샤워를 하고 있다.

06. 그들은 엄마를 기다리고 있다.

07. Sally는 자신의 방을 청소하고 있다.

08. Alice와 John은 눈사람을 만들고 있다.

09. 그들은 피크닉 음식을 준비하고 있다.

10. 그 가방은 나의 어머니 것이다.

11. 나는 노란색을 좋아한다.

12. 그는 월요일에 지하철을 이용한다.

❹ 01. famous　　02. dirty　　03. favorite
04. busy　　05. tall　　06. funny
07. diligent　　08. bright　　09. hungry
10. delicious

Achievement Test (Chapter 1-4)

01. ②　02. ⑤　03. ②　04. ①　05. ③
06. ⑤　07. ③　08. ④　09. ①　10. ②
11. ②　12. ⑤　13. ④　14. ②　15. ①
16. ⑤　17. ⑤　18. ②　19. ④　20. ①
21. ⑤　22. ③　23. ④　24. ④　25. ①
26. ①　27. ⑤　28. ④

29. (1) Does he teach English at school?

　(2) He doesn't(does not) teach English at school.

30. They are writing a letter now.

[해석 및 해설]

01. *② study – studies

02. *⑤ wise – narrow　현명한 – 좁은

03. *②「단모음+단자음」으로 끝나는 동사는 자음을 하나 더 붙인다.

04. ② Jane은 이웃들을 좋아한다.

　*①은 주어가 1인칭이므로 listen이 되어야 한다.

05. Ellen은 아름다운 미소를 가지고 있다.

06. 그들은 매일 우유를 마시니? *주어가 3인칭 단수이면 Does가 되어야 하고, 주어가 복수이면 Do가 와야 한다.

07. *now는 현재진행형과 함께 쓰인다.

08. 그녀는 지금 약간의 우유를 마시고 있다.

09. *happy는 주어를 보충 설명하고 있고, 나머지는 명사를 꾸며주고 있다.

10. *주어가 3인칭 단수이면 doesn't가 되어야 하고, 주어가 복수이면 don't가 와야 한다.

11. *has는 주어가 3인칭 단수와 함께 오고, have는 주어가 1인칭, 2인칭, 3인칭 복수와 함께 한다

12. *주어가 3인칭 단수이면 Does가 되어야 하고, 주어가 복수이면 Do가 와야 한다.

13. ① Cathy는 좋은 드레스를 입고 있지 않다.

　② 그는 그의 시계를 찾고 있다.

　③ 내 여동생은 노래를 부르고 있다.

　④ 그는 친구들을 돕고 있지 않다.

　⑤ 그녀는 부엌에서 요리를 하고 있다.

　*④ 현재진행형은「be동사+ing」형태가 되어야 한다.

14. ① 나는 지금 책을 읽고 있다.

　② 그녀는 모든 종류의 스포츠를 좋아한다.

　③ 저 꽃들은 아름답다.

　④ 그는 중국음식을 좋아하지 않는다.

　⑤ 그는 차를 운전하는 중이다.

　*like는 진행형이 될 수 없다.

15. ① Julie는 저녁에 숙제를 한다.

　② Mike는 만화책을 좋아한다.

　③ 내 아들은 방과 후에 테니스를 한다.

　④ 그는 저녁식사 후 설거지를 한다.

　⑤ 그녀는 매일 지하철을 이용한다.

　*주어가 3인칭 단수 Julie이므로 does가 되어야 한다.

16. ① 이 음식은 맛있다.

② 이것은 내 시계다.

③ 저 키 큰 남자들은 내 삼촌들이다.

④ 우리는 이 신선한 당근들이 필요하다.

⑤ 나는 이 영화를 좋아하지 않는다.

17. *⑤ boring은 형용사 나머지는 진행형이다.

18. *They 다음에는 have, 나머지는 has가 온다.

19. *④ 주어가 복수이므로 don't가 온다.

20. *① 주어가 3인칭 단수이면 Does가 되어야 하고, 동사는 동사원형으로 바꿔야 한다.

21. *'가지다'는 뜻의 have는 진행형으로 쓸 수 없다.

22. *③ 주어는 3인칭 단수이므로 go는 goes가 되어야 한다.

23. *동사 walks가 3인칭 단수 현재형이므로 주어도 3인칭 단수가 되어야 한다.

24. *주어가 3인칭 단수이면 Does가 되어야 한다.

26. *주어가 3인칭 단수이면 Does가 되어야 하고, 동사는 동사원형으로 바꿔야 한다.

27. *주어가 2인칭이면 Do가 되어야 하고, 동사는 동사원형으로 바꿔야 한다.

Chapter 05. 기수 · 서수

Unit 01. 기수와 서수

Warm up

one	sixteen	first	sixteenth
two	seventeen	second	seventeenth
three	eighteen	third	eighteenth
four	nineteen	fourth	nineteenth
five	twenty	fifth	twentieth
six	twenty-one	sixth	twenty-first
seven	twenty-two	seventh	twenty-second
eight	thirty	eighth	thirtieth
nine	forty	ninth	fortieth
ten	fifty	tenth	fiftieth
eleven	sixty	eleventh	sixtieth
twelve	seventy	twelfth	seventieth
thirteen	eighty	thirteenth	eightieth
fourteen	ninety	fourteenth	ninetieth
fifteen	one hundred	fifteenth	one hundredth

First Step

❶ 01. one, first　　02. two, second

03. three, third　　04. four, fourth

05. eight, eighth　　06. nine, ninth

07. ten, tenth　　08. eleven, eleventh

09. twelve, twelfth　　10. thirteen, thirteenth

11. fifteen, fifteenth　　12. sixteen, sixteenth

13. seventeen, seventeenth

14. twenty, twentieth

15. twenty-one, twenty-first

❷ 01. twenty-two, twenty-second

02. twenty-three, twenty-third

03. twenty-five, twenty-fifth

04. twenty-seven, twenty-seventh

05. thirty, thirtieth

06. forty-two, forty-second

07. fifty, fiftieth

08. sixty, sixtieth

09. sixty-five, sixty-fifth

10. seventy-six, seventy-sixth

11. eighty-one, eighty-first

12. eighty-two, eighty-second

13. ninety, ninetieth

14. ninety-four, ninety-fourth

15. one hundred, one hundredth

Second Step

❶ 01. eleven　02. forty-one　03. first

04. fourth　05. twenty-one　06. twelfth

07. seven　08. the first　09. three

10. twenty　11. two　12. third

[해설]

06. 정관사 the와 소유격 my는 함께 쓰지 않는다.

08. 서수 앞에는 the를 붙인다.

❷ 01. three　02. five　03. the fourth

04. the ninth　05. first　06. third

07. five　08. The eleventh　09. ten

10. the second　11. second　12. the first

[해설]

05. 정관사 the와 소유격 my는 함께 쓰지 않는다.

08. 서수 앞에는 the를 붙인다.

Third Step

01. eleven	02. second	03. five
04. four	05. daughter	06. tenth
07. fifth	08. eight	09. ninth
10. ten	11. eight	12. twenty-four
13. first	14. slices	15. four

[해설]

02. the와 소유격 his는 함께 쓰지 않는다.

05. 서수 다음에는 단수명사가 온다.

07. 서수 다음에는 단수명사가 온다.

08. one을 제외한 기수 다음에는 복수명사가 온다.

09. nine은 e를 버리고 th를 붙여 서수를 만든다.

14. one을 제외한 기수 다음에는 복수명사가 온다.

Writing Step

01. is her ninth birthday
02. have three alarm clocks
03. second day of the week
04. my third son
05. takes a walk for two hours
06. has four children
07. have twenty storybooks
08. five books on the table
09. twenty-two students in the classroom
10. The seventh man is
11. His second son is
12. has two bathrooms

Unit 02. 수읽기

Warm up

01. nine o'clock	02. the fifth chair
03. three students	04. nineteen eighty-one
05. June the eighth	06. fifty-six dollars
07. two thousand one	08. the fifteenth birthday
09. one hundred three	10. September the first
11. fifty-two point seven five	
12. the fourth grade	13. nine apples
14. the second house	
15. June twenty-first, two thousand nine	

[해설]

02. 순서를 나타내는 경우 서수로 읽는다.

04. 연도는 두 자리씩 기수로 읽는다.

05. 날짜는 서수로 읽는다.

11. 소수점 이하는 한 자리씩 기수로 읽는다.

15. 연도를 마지막에 읽는다.

First Step

❶ 01. thousand　　02. twenty-three
03. thousand fifteen　04. first
05. twenty-first
06. [the] sixteenth, ninety-five
07. one hundred fifty　08. seven twenty-four
09. eight three two, three two five seven
10. twenty-five, six　11. two thousand
12. nine hundred twenty-six
13. three, five　　14. the third
15. fifth, nineteen seventy-five

❷ 01. two thousand nine
02. nineteen sixty-one
03. nineteen fifty
04. nineteen eighty-eight
05. six one nine one
06. seven two zero five
07. thirty-five dollars, fifteen cents
08. seventeen dollars, fifty cents
09. fifty dollars, twenty-five cents
10. November [the] eighteenth, nineteen seventy-four / The eighteenth of November, nineteen seventy-four
11. March [the] twenty-first / the twenty-first of March
12. July [the] fifth / the fifth of July
13. twenty-seven point three five
14. four thousand three hundred eighty
15. six thousand fifty

Second Step

❶ 01. 2011	02. 306	03. 56
04. 8, 9	05. 11, 21	06. 253, 8290
07. 755	08. 2003	09. 1900

10. 두 번째   11. 1, 1   12. 3

13. 다섯 번째   14. 530, 9732   15. 365

❷ 01. 8월 31일   02. 2009년 7월 3일

03. 1031   04. 0.37   05. 1,540

06. 4월 5일   07. 785-6320   08. 1962

09. 76.25   10. 2016년 3월 5일   11. 2월 3일

12. 4024   13. 506   14. 1800

15. 235.20

Third Step

01. 우리는 7시에 저녁식사를 한다.

02. 오늘은 10월 10일이다.

03. 은행은 왼쪽에서 두 번째 건물이다.

04. 내 전화번호는 253-31840다.

05. 그녀는 20달러 50센트가 있다.

06. 정답은 5.250다.

07. 과학수업은 9시에 시작한다.

08. 내년은 2017년이다.

09. 도서관에는 9,052권의 책이 있다.

10. 1년에는 4계절이 있다.

11. 그의 생일은 6월 20일이다.

12. 내일은 2008년 7월 5일이다.

13. 여동생은 2학년이다.

14. 나는 주머니에 10달러가 있다.

15. 극장에는 2,526개의 좌석이 있다.

Writing Step

01. my first son

02. thirty days in a month

03. tenth month of the year

04. have one hundred twenty dollars

05. takes a shower for twenty minutes

06. her third movie

07. three thousand five hundred thirty-two people in the gym

08. fifty-five dishes

09. is seven one five three five seven zero(oh)

10. is fifteen dollars and eighty-two cents

11. is December the thirtieth / the thirtieth of December

12. is two thousand sixteen

Final Step

❶ 01. nine   02. three

03. second   04. twenty-second

05. seven six nine zero(oh)

06. twenty-five   07. the ninth

08. the second   09. first

10. two   11. two thousand five

12. fifteen point five

[해설]

03. 소유격 앞에는 the를 붙이지 않는다.

07. 서수 앞에는 the를 붙인다.

09. the와 소유격 his는 함께 쓰지 않는다.

❷ 01. twelve   02. one, two five

03. third   04. twenty-first

05. three thousand five hundred

06. twenty-nine   07. The tenth

08. thirty-one

09. April [the] fifth, two thousand sixteen / the fifth of April, two thousand sixteen

10. two thousand   11. fifteen cents

12. July [the] twenty-first / the twenty-first of July

Exercise

01. ④   02. ①   03. ③   04. ③   05. ④

06. ⑤   07. ④   08. ③   09. ⑤   10. ②

11. ①   12. five hundred sixty-one

13. nine thousand eight hundred fifty-six

14. nine three five, two six eight nine

15. third novel   16. four seasons

[해석 및 해설]

01. *④ twenty → twentieth

02. *nine에서 e를 빼고 th를 붙여야 합니다.

03. *③ 2월 3일: February the third

05. *층을 말할 때는 서수를 쓴다.

06. *개수를 말할 때는 기수를 쓴다.

08. ① 나는 31달러가 있다.

    ② 오늘은 나의 10번째 생일이다.

    ③ 11월은 1년에 11번째 달이다.

    ④ 내 전화번호는 534-7816입니다.

    ⑤ 나는 지금 40달러가 있다.

09. *연도는 날짜 뒤에 온다.

12. 체육관에는 561명의 학생들이 있다.

13. 이 차는 9,856달러이다.

14. 내 전화번호는 935-2689번이다.

Chapter 06. 부사

Unit 01. 부사의 종류와 위치

Warm up

01	very	매우		15	kindly	친절하게	
02	really	정말로		16	sadly	슬프게	
03	so	매우, 몹시		17	fast	빠르게	
04	quite	아주		18	gently	부드럽게	
05	slowly	천천히		19	simply	간단하게	
06	easily	쉽게		20	luckily	운좋게	
07	quickly	빠르게		21	high	높게	
08	early	이르게, 일찍		22	heavily	심하게	
09	often	자주, 종종		23	now	지금	
10	sometimes	때때로		24	yesterday	어제	
11	never	결코 (~않다)		25	late	늦게	
12	seldom	좀처럼 (~않다)		26	pretty	꽤, 상당히	
13	hard	열심히		27	happily	행복하게	
14	badly	서투르게, 나쁘게		28	well	잘, 훌륭히	

First Step

❶ **01.** early　**02.** always　**03.** fast　**04.** often
05. never　**06.** usually　**07.** very　**08.** so
09. too　**10.** slowly　**11.** well　**12.** quickly
13. every day　　　**14.** hard　**15.** easily

[해석 및 해설]

01. 우리는 아침 일찍 일어난다.

02. 나는 언제나 피아노를 친다. *빈도부사(always)는 일반동사(play) 앞에 위치한다.

03. 내 개들은 빨리 달린다.

04. 그녀와 나는 종종 박물관에 간다.

05. Ann은 결코 학교에 늦지 않는다.
　*빈도부사(never)는 be동사 다음에 위치한다.

여기서 late는 형용사이다.

06. 그는 저녁식사 후에 대체로 TV를 본다.

07. 내 딸은 매우 아름답다.

08. 그 가수는 무척 인기 있다.

09. 그 물은 너무 뜨겁다.
　*too가 형용사 hot을 수식하고 있다. too은 '너무'라는 의미로 부정적인 의미를 가지고 있다.

10. 그 버스는 천천히 움직인다.

11. 우리는 영어로 말을 잘한다.
　*well은 good의 부사이다.

12. 아버지는 저녁을 빨리 드신다.

13. 그 학생들은 매일 배구 연습을 한다.

14. Jane과 Mike는 열심히 공부한다.
　*hard는 형용사와 부사 형태가 같다.

15. 그는 수학문제를 쉽게 푼다.

❷ **01.** often goes　**02.** am never
03. usually go　**04.** sometimes goes
05. never wears　**06.** too cold
07. seldom calls　**08.** is sometimes
09. always comes　**10.** will always
11. am sometimes　**12.** is usually
13. never visits　**14.** often drinks
15. is seldom

[해석 및 해설]

01. 그녀는 종종 해변에 간다. *빈도표시 부사는 be동사(조동사) 뒤에, 일반동사 앞에 위치한다.

02. 나는 학교에 결코 늦지 않는다.

03. 우리는 대체로 버스를 타고 학교에 간다.

04. Simson은 때때로 나와 낚시를 하러 간다.

05. 그녀는 결코 치마를 입지 않는다. *주어가 3인칭 단수이므로 동사 wear는 wears로 써야 한다.

06. 그 물은 너무 차갑다.
　*too는 부정의 의미를 나타내는 부사이다.

07. John은 거의 나에게 전화를 하지 않는다.

08. Jack은 때때로 늦는다.

09. 아버지는 항상 집에 늦게 오신다.

10. Tom과 Jane은 항상 너를 사랑할 것이다.
　*will은 미래를 나타내는 조동사로, 빈도부사는 그 뒤에 와야 한다.

11. 나는 때때로 슬프다.

12. 내 여동생(누나)은 대체로 일요일에는 도서관에 있다.

13. 그는 결코 삼촌댁에 가지 않는다.

14. Jackson은 종종 커피를 마신다.

15. 그녀는 아침에는 거의 집에 없다.

Second Step

❶ 01. always　　**02.** sometimes　　**03.** easily

04. usually　　**05.** hard　　**06.** gently

07. slowly　　**08.** too　　**09.** really

10. carefully

[해설]

08. too는 '너무'라는 의미로 부정적인 의미를 가지고 있다.

❷ 01. often　　**02.** heavily　　**03.** happily

04. loudly　　**05.** pretty　　**06.** badly

07. high　　**08.** quickly　　**09.** well

10. never

Third Step

01. never　　**02.** seldom/rarely　　**03.** always

04. never　　**05.** often　　**06.** sometimes

07. never　　**08.** sometimes　　**09.** seldom/rarely

10. usually　**11.** quickly　**12.** kindly

[해설]

01. never, hardly, seldom, rarely는 부정의 의미로, 부정문과 함께 쓸 수 없다.

05. will은 미래의 조동사로 빈도부사는 그 뒤에 위치한다.

Writing Step

01. are really beautiful

02. never eats fast food

03. usually eat bread

04. always studies hard

05. drives a car carefully

06. is pretty cute

07. is sometimes open

08. often go to a shopping mall

09. seldom drinks coffee at night

10. is always at the museum

11. always talks to him quietly

12. are eating dinner happily

Unit 02. 부사의 형태와 역할

Warm up

01	happy	happily	16	early	early
02	quick	quickly	17	high	high
03	sad	sadly	18	careful	carefully
04	real	really	19	simple	simply
05	easy	easily	20	sudden	suddenly
06	heavy	heavily	21	usual	usually
07	kind	kindly	22	honest	honestly
08	fast	fast	23	loud	loudly
09	good	well	24	beautiful	beautifully
10	late	late	25	clear	clearly
11	slow	slowly	26	lucky	luckily
12	hard	hard	27	quiet	quietly
13	safe	safely	28	wise	wisely
14	final	finally	29	true	truly
15	bad	badly	30	busy	busily

First Step

❶ 01. hard　　**02.** quickly　　**03.** happy

04. happily　　**05.** safely　　**06.** safe

07. carefully　　**08.** gentle　　**09.** good

10. well　　**11.** good　　**12.** easily

13. badly　　**14.** easy　　**15.** beautifully

[해석 및 해설]

01. 그들은 열심히 일한다.

　*hard는 형용사와 부사의 형태가 같고, hardly는 '거의 ～아니다'라는 의미의 부사이다.

02. 그는 말을 매우 빨리 한다.

03. 그녀와 나는 지금 행복하다.

　*주어를 보충 설명하는 형용사가 와야 한다.

04. 그 아이들이 방에서 행복하게 논다.

05. 나는 항상 안전하게 운전한다.

　*동사 drive를 수식하는 부사가 와야 한다.

06. 우리는 안전한 도시에 산다.

　*뒤에 명사를 수식하는 형용사가 와야 한다.

07. 문을 조심스럽게 열어라.

　*동사 Open으로 시작하는 명령문이다.

08. 아버지는 매우 친절하고 온화하시다.

09. 우유는 우리의 건강에 좋다.

10. 나는 매우 잘 잔다. *well은 good의 부사형이다.

11. 그들은 좋은 운전자들이다.

12. 그와 나는 쉽게 고기를 잡는다.

13. 내 동생(형)은 노래를 서투르게 부른다.

14. 기말시험은 쉽지 않다.

15. 그 아기는 아름답게 미소 짓는다.

❷ 01. late　　　**02.** fast　　　**03.** slowly

04. quickly　　**05.** really　　**06.** early

07. hard　　　**08.** well　　　**09.** suddenly

10. easily　　　**11.** loudly　　**12.** wisely

13. quietly　　**14.** carefully　**15.** heavily

[해석 및 해설]

01. 그는 언제나 늦게 일어난다.

　　*late는 형용사와 부사의 형태가 같다.

02. 그 동물을 빨리 달린다.

03. 내 아들은 해변을 따라 천천히 걷는다.

04. Ellen은 국수를 정말 빨리 먹는다.

05. 그 이탈리아 음식은 정말 맛있다.

06. 그 음악회는 아침 일찍 시작한다.

07. 내 엄마는 정말 열심히 일하신다.

08. Mike는 수영을 매우 잘한다.

09. 내 아버지는 갑자기 마음을 바꾸신다.

10. 그녀는 쉽게 숙제를 마친다.

11. 도서관에서 큰소리로 웃지 마라.

12. Thomas는 돈을 현명하게 사용한다.

13. 나의 고양이는 내 방에 조용히 들어온다.

14. Jackson이 상자들을 조심스럽게 열고 있다.

15. 여름에 비가 심하게 내린다.

Second Step

❶ 01. quick, quickly　　**02.** slow, slowly

03. early, early　　　**04.** careful, carefully

05. kind, kindly　　　**06.** happy, happily

07. good, well　　　**08.** hard, hard

[해석 및 해설]

01. 그녀는 빠르게 배우는 사람이다. / 그녀는 아침을 빨리 먹는다.

02. 그것은 느린 엘리베이터이다. / 그는 교실로 천천히 걸어간다.

03. 나는 이른 버스를 탄다. / 그녀는 일찍 일어난다.

　　*early는 형용사와 부사의 형태가 같다.

04. 그녀는 조심스러운 사람이다. / 주의 깊게 들어라.

　　*동사 listen으로 시작하는 명령문이다.

05. 내 선생님은 친절하시다. / 내 선생님은 영어를 친절하게 가르치신다.

06. Jack은 행복하다. / Jack은 캐나다에서 행복하게 살고 있다.

07. 나는 좋은 레스토랑을 안다. / 그녀는 요리를 매우 잘한다.

08. 그녀는 매우 열심히 일하는 사람이다. / 한국 학생들은 매우 열심히 공부한다.

❷ 01. well　　　**02.** slow　　　**03.** kind

04. carefully　**05.** hard　　　**06.** usually

07. good　　　**08.** bad　　　**09.** gently

10. careful　　**11.** easy　　　**12.** fast

13. quickly　　**14.** slowly　　**15.** happily

[해석 및 해설]

01. 그는 수영을 잘한다.

　　*동사 swims를 수식하는 부사가 와야 한다.

02. 그는 느리게 배우는 사람이다.

　　*명사 learner를 수식하는 형용사가 필요하다.

03. 내 선생님은 무척 친절하시다.

　　*주어를 보충 설명하는 형용사가 필요하다.

04. 아버지는 차를 조심스럽게 운전하신다.

　　*동사 drives를 수식하는 부사가 와야 한다.

05. 내 아들은 역사 공부를 열심히 한다.

　　*hard는 형용사와 부사의 형태가 같다.

06. 나는 대체로 잠을 늦게 잔다.

07. 내 삼촌은 야구를 잘한다.

08. 그의 영어시험 성적은 나쁘다.

09. 그녀는 아이들에게 다정하게 이야기한다.

10. Sara는 매우 조심성 많은 소녀이다.

　　*girl을 수식하는 형용사가 와야 한다.

11. 그 영어시험은 쉽다.

12. 그녀는 매우 빨리 달린다.

　　*fastly를 fast로 바꿔야 한다.

13. 빨리 책을 펴세요.

　　*동사 open을 수식하는 부사가 와야 한다.

14. 내 할아버지는 항상 음식을 천천히 드신다.

　　*동사 eats를 수식하는 부사가 와야 한다.

15. 그들은 무대 위에서 행복하게 노래하고 있다.
   *is singing을 수식하는 부사가 와야 한다.

Third Step

01. 그녀는 매우 열심히 일한다. – 부사
   그 문제는 매우 어렵다. – 형용사

02. 그 개는 꼬리를 빠르게 움직인다. – 부사
   그 개는 매우 빠르다. – 형용사

03. 저 산은 매우 높다. – 형용사
   그 새는 하늘 높이 난다. – 부사

04. 나는 늦게 잠자리에 든다. – 부사
   Jack은 항상 학교에 지각한다. – 형용사

05. 그들은 학교를 아침 일찍 간다. – 부사
   나는 이른 아침에 일어난다. – 형용사

06. 그녀는 매우 열심히 일하는 사람이다. – 형용사
   그녀는 항상 열심히 공부한다. – 부사

[해설]

02. 부사 fast는 형용사와 형태가 같다.

03. high는 부사와 형용사의 형태가 같다.

05. early는 부사로 go를 수식하고 형용사로 morning
   을 수식한다.

06. hard는 형용사로 worker를 수식하고 부사로 studies
   를 수식한다.

Writing Step

01. gets up early
02. fall asleep very easily
03. gets up very early
04. flying very high
05. wants a fast car
06. plays the piano very well
07. always late for the meeting
08. is raining heavily
09. uses money wisely
10. are eating pizza quietly
11. study English very hard
12. comes home late

Final Step

❶ 01. They really want the computers.
   02. Sara plays the piano badly.
03. It snows heavily in winter.
04. They are always happy.
05. The box is so heavy.
06. The boys speak English very well.
07. They sometimes eat dinner late.
08. Mr. Johnson teaches me math easily.
09. The wind blows gently.
10. They seldom watch TV on Sunday.
11. They answer my questions loudly.
12. She is singing a song quietly.

[해석 및 해설]

01. 그들은 정말로 컴퓨터를 원한다.
   *동사 want를 수식하는 부사가 와야 한다.

02. Sara는 피아노를 서투르게 친다.

03. 겨울에 눈이 많이 온다.

04. 그들은 언제나 행복하다. *be동사 다음에는 주어
   를 보충설명하는 형용사가 온다.

05. 그 상자는 무척 무겁다.

06. 그 소년들은 영어로 정말 잘 말한다.
   *good의 부사는 well이다.

07. 그들은 때때로 저녁을 늦게 먹는다. *lately는 '최
   근에'라는 의미의 부사이다. late는 형용사와 부사
   의 형태가 같다.

08. Johnson 씨는 나에게 수학을 쉽게 가르치신다.

09. 바람이 고요하게 불어온다.

10. 그들은 일요일에 거의 TV를 보지 않는다.

11. 그들은 나의 질문에 크게 답한다.
   *동사 answer를 수식하는 부사가 와야 한다.

12. 그녀는 조용히 노래 부르고 있다.

❷ 01. He always cleans his room.
   02. They find my house easily.
   03. He opens the boxes carefully.
   04. They never go to the movies.
   05. I often play tennis with Sam.
   06. We work happily every day.
   07. Cathy is always busy.
   08. My sister talks to me loudly.
   09. We often make a mistake.
   10. They answer my questions kindly.
   11. They sometimes take a subway to school.
   12. His health is not good.

[해석 및 해설]

01. 그는 언제나 자기 방을 청소한다.

02. 그들은 내 집을 쉽게 찾는다.

　　*동사 find를 수식하는 부사가 와야 한다.

03. 그는 박스들을 조심스럽게 연다.

　　*동사 open을 수식하는 부사가 와야 한다.

04. 그들은 결코 영화를 보러 가지 않는다.

　　*빈도표시 부사는 일반동사 앞에 위치한다.

05. 나는 자주 Sam과 테니스를 친다.

06. 우리는 매일 행복하게 일한다.

07. Cathy는 언제나 바쁘다.

　　*빈도표시 부사는 be동사 뒤에 위치한다.

08. 내 여동생(누나)은 나에게 큰소리로 말한다.

09. 우리는 종종 실수를 한다.

10. 그들은 내 질문에 친절하게 대답한다.

　　*동사 answer를 수식하는 부사가 와야 한다.

11. 그들은 가끔 지하철을 타고 학교에 간다.

12. 그의 건강은 좋지 않다.

　　*주어를 보충 설명하는 형용사 good이 와야 한다.

Exercise

01. ⑤　　**02.** ①　　**03.** ③　　**04.** ⑤　　**05.** ①

06. ①　　**07.** ②　　**08.** ①　　**09.** ③　　**10.** ④

11. ①　　**12.** ⑤　　**13.** ④　　**14.** ②

15. usually watch　**16.** carefully

[해석 및 해설]

03. ① 나는 일찍 일어난다.

　　② 그들은 빨리 달린다.

　　③ 그녀는 자주 학교에 지각한다.

　　④ 그는 열심히 일한다.

　　⑤ 내 고양이는 천천히 걷는다.

　　*late는 be동사 다음에 와서 형용사로 쓰였다.

04. ① 그 차는 빠르다.

　　② 그는 열심히 일하는 근로자다.

　　③ 나는 이른 아침을 먹는다.

　　④ 그 집은 높은 담을 가지고 있다.

　　⑤ Tom은 높이 점프한다.

　　*high는 동사 jumps를 수식하는 부사이다.

05. 내 부모님은 아침에 자주 산책하신다.

06. 내 동생은 게으르다. 그는 언제나 아침에 늦게 일어
　　난다.

07. ① 그 소년은 언제나 모자를 쓴다.

　　② 그녀는 저녁에 결코 집에 있지 않다.

　　③ Jessica는 춤을 잘 춘다.

　　④ 우리는 대체로 7시에 저녁을 먹는다.

　　⑤ 그는 그 문제들을 쉽게 해결한다.

08. ① 그 음식은 정말 맛있다.

　　② 그녀는 매우 인기가 많다.

　　③ Sam은 열심히 공부한다.

　　④ 그 기차는 무척 빠르다.

　　⑤ 그는 때때로 실수를 한다.

09. 우리는 _____ 밤에 피자를 먹는다.

10. Jack은 _____이다.

11. 그는 영어를 _____ 말한다.

13. 그녀는 기분이 _____ 좋다.

　　그는 젓가락을 _____ 잘 사용한다.

14. *단, too에는 부정적인 의미가 있다.

Chapter 07. 전치사

Unit 01. 시간, 장소 전치사

Warm up

01. in　　**02.** after　　**03.** in　　**04.** at

05. on　　**06.** after　　**07.** in　　**08.** at

09. for　　**10.** after　　**11.** in　　**12.** for

[해설]

01. '저녁에'는 in the evening으로 the가 들어간다.

05. 요일 앞에는 on을 붙인다.

08. 특정 시간 앞에는 at을 붙인다.

09. for 다음에는 숫자를 포함한 정확한 시간이 온다.

First Step

❶ **01.** 아침에　　　　**02.** 오후에　　　　**03.** 2011년에

　04. 10월에　　　**05.** 여름에　　　**06.** 9시에

　07. 공항에[서]　　**08.** 3월 25일에　**09.** 일요일에

　10. 수업 전에　　**11.** 일을 마친 후에 **12.** 세 달 동안

　13. 겨울방학 동안 **14.** 캐나다에서

　15. 버스 정류장에[서]

❷ 01. in 02. at 03. for 04. during
05. in 06. at 07. in 08. in
09. before 10. in 11. at 12. on
13. before 14. in 15. during

Second Step

❶ 01. in 02. during 03. at 04. on
05. after 06. in 07. for 08. in
09. in 10. in 11. on 12. at

❷ 01. in 02. at 03. after 04. at
05. for 06. before 07. in 08. in
09. at 10. during 11. on 12. at

Third Step

01. before dinner 02. in the afternoon
03. on Saturdays 04. at 09:00
05. at home 06. in London
07. in the river 08. in the kitchen
09. at dawn 10. for three hours
11. in November 12. in 2018

Writing Step

01. goes to bed at
02. at Seoul station now
03. often go on a picnic in fall
04. comes home before dark
05. are 31 days in December
06. rains heavily in summer
07. starts in April
08. is reading a book in her room
09. takes a vacation for three days
10. go skiing during winter vacation
11. always watch TV at night
12. see many butterflies in spring

Unit 02. 위치를 나타내는 전치사

Warm up

01. with 02. on 03. about 04. under
05. to 06. with 07. behind 08. over
09. about 10. near 11. with 12. on

First Step

❶ 01. 자동차들에 관해 02. 배로
03. 나의 친구를 위해 04. 은행 옆에
05. 소파 뒤에 06. 터널 근처에
07. 두 건물 사이로[에] 08. 병원 건너편에
09. 극장 앞에 10. 바닥 위에
11. 지하철로 12. 다리 아래로[에]
13. 남자와 여자 사이에[서] 14. 칼을 가지고
15. 산으로

❷ 01. in front of 02. near 03. between
04. under 05. about 06. out
07. with 08. next to 09. between
10. by 11. with 12. across from
13. over 14. behind 15. for

Second Step

❶ 01. under 02. on 03. with
04. out 05. under 06. on
07. across 08. for 09. by
10. behind 11. between 12. next to

❷ 01. on 02. over 03. between
04. next to 05. with 06. behind
07. about 08. to 09. near
10. by 11. to 12. about

Third Step

01. behind 02. on 03. at
04. by 05. with 06. in front of
07. about 08. with 09. for
10. next to 11. with 12. on

[해설]
02. 벽 위에 있으므로 on을 쓴다.
04. 교통수단을 나타낼 때는 by를 쓴다.
05. 도구 앞에는 with를 쓴다.
11. with ~와 함께, ~을 가지고

Writing Step

01. lives near the forest
02. is sitting between my friends
03. always sleeps on the bed
04. is a park near my house

05. are talking about him

06. is walking to the post office

07. washes the dishes for her mom

08. are two cars in front of the garage

09. is a bridge over the river

10. is a coffee shop between

11. doesn't sit next to me

12. is a cafe behind the building

Final Step

❶ 01. on → under   02. to → about

   03. between → across from 04. on → next to

   05. under → over   06. with → for

   07. in → between   08. for → with

   09. in front of → behind 10. in → on

   11. in → near   12. on → over

❷ 01. at → on   02. over → near

   03. to → under   04. from → between

   05. for → with   06. during → for

   07. for → about   08. in → on

   09. to → from   10. at → to

   11. with → for   12. in → at

Exercise

01. ①   02. ②   03. ④   04. ③   05. ⑤

06. ③   07. ⑤   08. ①   09. ③   10. ③

11. ①   12. ④

13. The boy is sitting next to my friend.

14. Seoul is very hot in August.

15. across from   16. for

[해석 및 해설]

01. 그 아기는 침대에서 자고 있다.

02. 많은 사람들이 8월에 부산을 방문한다.

03. 그들은 7시에 아침을 먹는다.

04. 내 엄마 생신은 4월이다. / 내 사촌은 캐나다에 산다

05. 나는 때때로 엄마를 위해 설거지를 한다.
    체육관에는 다섯 명의 학생들이 있다.

06. 우리는 여름에 낚시를 하러 간다.
    나는 자주 내 남동생(오빠)과 쇼핑을 간다.

07. *교통수단을 나타낼 때는 관사 a를 붙이지 않는다.

09. ① David는 그의 방 안에 있다.

② 그녀는 친구와 수영을 하고 있다.

③ 나는 밤에 매우 바쁘다.

④ 토끼 한 마리가 문을 향해 달리고 있다.

⑤ 내 친구는 서울에 산다.

10. ① 그녀는 한국에 대한 책을 읽고 있다.

② 내 고양이는 소파 아래에서 자고 있다.

③ 나는 토요일에 도서관에 간다.

④ 그녀는 동생(언니)을 위해서 종종 케이크를 산다.

⑤ 그들은 저녁식사 후 TV를 본다.

11. ① 그 약국은 10시에 연다.

② 내 삼촌은 홍콩에 산다.

③ 우리는 오후에 축구를 한다.

④ 한국은 겨울에 매우 춥다.

⑤ 나는 아침에 샤워를 한다.

12. 박스 _____ 사과가 두 개 있다.

13. 그 소년은 내 친구 옆에 앉아 있다.

14. 서울은 8월에 매우 덥다.

Chapter 08. 수량을 나타내는 표현

Unit 01. some, any와 many, much

Warm up

01. many   02. any   03. some

04. any   05. some   06. much

07. much   08. Many   09. some

10. any   11. some   12. any

13. many   14. much   15. any

[해석 및 해설]

01. 그녀는 많은 모자를 가지고 있지 않다. *명사 caps는
    셀 수 있는 복수명사이므로 many를 쓴다.

02. 나는 돈이 조금도 없다. *부정문에는 any를 쓴다.

03. 나는 주머니에 동전을 좀 가지고 있다.
    *긍정문에는 some을 쓴다.

04. 그들은 물이 조금도 없다.

05. 커피 좀 드실래요? *권유할 때는 some을 쓴다.

06. 너는 물을 많이 마시니?

07. 우리는 많은 소금이 필요하지 않다.

08. 많은 학생들이 도서관에서 공부한다.

09. 그들은 음식이 조금 있다.

10. 우유가 좀 필요하니? *의문문에는 any를 쓴다.
11. 내 동생(오빠)은 흥미로운 책들이 좀 있다.
12. 그들은 꽃이 조금도 없다.
13. 너는 많은 도시들을 방문하니?
　　*셀 수 있는 복수명사에는 many를 쓴다.
14. 네 나라에는 눈이 많이 오니?
　　*셀 수 없는 명사에는 much를 쓴다.
15. 한국에 친구들이 좀 있니? *의문문에는 any를 쓴다.

First Step

❶ **01.** some　**02.** any　**03.** some　**04.** many
　05. any　**06.** much　**07.** many　**08.** some
　09. any　**10.** much　**11.** any　**12.** some
　13. any　**14.** some　**15.** any

[해석 및 해설]
01. 그들은 설탕을 조금 가지고 있다.
02. Jeniffer는 피자를 조금도 먹지 않는다.
　　*부정문에는 any가 온다.
03. 냉장고에 계란이 조금 있다. *some은 셀 수 있는
　　명사/셀 수 없는 명사 모두에 사용한다.
04. 공원에 많은 아이들이 있다.
　　*many+복수명사, much+셀 수 없는 명사
05. Jessica는 치즈가 조금도 필요하지 않다.
　　*부정문, 의문문에는 any가 온다.
06. 그는 커피를 많이 가지고 있지 않다.
07. 너는 친구가 많이 있니?
08. 차와 쿠키 좀 드시겠습니까?
　　*권유에는 some을 사용한다.
09. 너는 음악가를 좀 아니?
　　*부정문, 의문문에는 any가 온다.
10. 물을 너무 많이 마시지 마라.
11. 그녀와 나는 동전이 전혀 없다.
12. 하늘에 구름이 조금 있다.
13. 내 학교에 대해 질문이 있니?
14. 우리는 신선한 야채가 조금 필요하다.
　　*some은 긍정문에 사용하며, 복수명사와 셀 수
　　없는 명사 앞에 온다.
15. 나는 도움이 조금도 필요 없다.

❷ **01.** any　　**02.** some　**03.** any　**04.** many
　05. tables　**06.** any　**07.** much　**08.** any
　09. some　**10.** any　**11.** Many　**12.** any

13. some　**14.** many　**15.** any

[해석 및 해설]
01. Jane은 연필을 전혀 가지고 있지 않다.
　　*부정문, 의문문에는 any가 온다.
02. 그녀는 크리스마스카드를 조금 가지고 있다.
03. 나는 커피를 조금도 마시지 않는다.
04. 거리에 자동차가 많이 있니?
　　*many+복수명사, much+셀 수 없는 명사
05. 식당에 약간의 식탁들이 있다. *some은 긍정문에
　　사용하며, 복수명사와 셀 수 없는 명사 앞에 온다.
06. 병에 물이 전혀 없다.
07. 우리는 빵이 많이 필요하지 않다.
08. 그의 친구들은 컴퓨터게임을 전혀 하지 않는다.
09. 돈 좀 주세요.
10. 내 여동생은 해산물을 전혀 먹지 않는다.
11. 많은 사람들이 너의 도움을 필요로 한다.
12. 아버지는 TV 쇼를 조금도 보지 않으신다.
13. 벽에 사진들이 조금 있다.
14. 그 나무에 잎들이 많지 않다.
15. 냉장고에 고기가 좀 있니?

Second Step

❶ **01.** some　**02.** much　**03.** any　**04.** some
　05. some　**06.** some　**07.** many　**08.** any
　09. some　**10.** any

[해설]
02. too much는 긍정문에 쓸 수 있다.
05. 권유할 때는 some을 쓴다.
10. 의문문에는 any를 쓴다.

❷ **01.** any　　**02.** many　**03.** any　**04.** any
　05. some　**06.** much　**07.** many　**08.** any
　09. some　**10.** any

[해설]
03. 의문문에는 any를 쓴다.
04. 부정문에는 any를 쓴다.
06. 셀 수 없는 명사에는 much를 쓴다.

Third Step

01. some　　　**02.** some　　　**03.** any
04. restaurants　**05.** much　　　**06.** any

07. much	08. insects	09. some
10. bread	11. much	12. many
13. pets	14. any	15. much

[해석 및 해설]

01. 그녀는 초콜릿 쿠키를 조금 만든다.

02. 물을 드시겠어요? *권유는 some을 쓴다.

03. 너는 남자형제가 있니? *의문문에는 any를 쓴다.

04. 그 도시에는 많은 좋은 식당들이 있다.
　　 *many는 복수명사와 쓰인다.

05. 우리는 너무 많은 치즈는 필요 없다.
　　 *cheese는 셀 수 없는 명사이다.

06. 우리는 지금 도움이 전혀 필요 없다.

07. 이 자동차들은 많은 휘발유를 소비하지 않는다.

08. 많은 곤충들이 숲에 산다.

09. 접시 위에 샌드위치가 좀 있다.
　　 *긍정문에는 some이 온다.

10. Jennie는 빵을 좀 원한다.
　　 *bread은 셀 수 없는 명사로 복수형을 쓸 수 없다.

11. 나의 여동생은 많은 돈을 저축하지 않는다.

12. 무대에 많은 배우들이 있다.
　　 *many 다음에 셀 수 있는 명사가 온다.

13. 그는 애완동물이 많이 있니? *many 다음에 pet은 셀
　　 수 있는 명사로 복수형이 와야 한다.

14. 그들은 전혀 고기를 먹지 않는다.

15. 나는 밤에 커피를 많이 마시지 않는다.

Writing Step

01. have some potatoes
02. you like some bread
03. have any interesting novels
04. he need much money
05. asks many questions
06. are many students
07. aren't any flowers
08. doesn't eat any meat
09. Are there any spoons
10. doesn't buy any food
11. have any brothers?
12. need a lot of water now

Unit 02. a lot of/lots of, a few/few와 a little/little

Warm up

01. few	02. a few	03. a little
04. a lot of	05. some	06. a little
07. a few	08. few	09. a lot of
10. a few	11. A lot of	12. some
13. lots of	14. a little	15. some

[해석 및 해설]

01. 홀에 학생들이 거의 없다. *students는 셀 수 있는 명
　　 사이므로 few를 쓴다. few는 셀 수 있는 명사 앞에 쓰
　　 여 '거의 ~없는'의 의미이다.

02. 공원에 소년들이 조금 있다. *a few는 셀 수 있는 명
　　 사 앞에 쓰며 '조금 있는'의 의미이다.

03. 병에 물이 조금 있다.
　　 *셀 수 없는 명사 앞에는 a little을 쓴다.

04. 나는 우표가 많이 있다. *a lot of는 셀 수 있는 명사와
　　 셀 수 없는 명사 모두에 쓰여 '많은'의 의미이다.

05. 그녀는 설탕이 조금 필요하다.
　　 *sugar는 셀 수 없는 명사이므로 some을 쓴다.

06. 그들은 치즈를 조금 가지고 있다.

07. 그녀와 나는 친구들이 좀 있다.

08. 공원에 나무가 거의 없다.

09. 거리에는 차들이 많다.

10. 우리는 때때로 여기서 몇몇 동물들을 본다.

11. 여름에 많은 관광객들이 나의 도시를 방문한다.

12. 나는 그 계획에 대한 아이디어가 조금 있다.

13. 그들은 많은 빵을 먹는다.

14. 엄마는 때때로 밀가루를 조금 사신다.

15. 우리는 신선한 공기가 좀 필요하다.

First Step

❶ | 01. a few | 02. a few | 03. a lot of |
04. a little	05. little	06. a lot of
07. a few	08. few	09. A few
10. A lot of	11. few	12. little
13. a few	14. few	15. a little

[해석 및 해설]

01. 나는 한국배우 몇 명을 알고 있다.
　　 *a few나 few 다음에는 복수명사가 온다.

02. 그녀는 아침에 주스를 몇 잔 마신다.

03. 우리는 오늘 숙제가 많다.

　　*homework는 셀 수 없는 명사이다.

04. 식탁 위에 치즈가 조금 있다.

05. 방에 공기가 거의 없다.

　　*air는 셀 수 없는 명사이다.

06. 파티에 많은 꽃들이 필요하다.

07. 그 가수들은 매달 몇 개의 도시를 방문한다.

08. 그는 친구가 거의 없다.

09. 몇몇 학생들은 컴퓨터 게임을 하고 있다.

10. 많은 사람들이 여름 동안 해변에 간다.

11. 바구니에 사과가 거의 없다.

12. 주전자에 물이 거의 없다.

　　*water는 셀 수 없는 명사이다.

13. 주차장에 자동차가 몇 대 있다.

14. 우리 마을에 호텔이 거의 없다.

15. 그녀는 가방에 돈이 조금 있다.

　　*money는 셀 수 없는 명사이다.

❷ **01.** a few　　**02.** few　　**03.** a little
04. a few　　**05.** A few　　**06.** few
07. a few　　**08.** a little　　**09.** trees
10. a lot of　　**11.** a few　　**12.** a little
13. a few　　**14.** a few　　**15.** A lot of

[해석 및 해설]

01. 그는 삼촌이 몇 명 있다.

02. 공원에 아이들이 거의 없다.

　　*a few나 few 다음에는 복수명사가 온다.

03. 그 음식에는 약간의 설탕을 넣어라.

　　*sugar는 셀 수 없는 명사이다.

04. 그녀는 오렌지를 조금 가지고 있니?

05. 몇 개의 수건은 지금 젖어 있다.

06. 서랍에 양말이 거의 없다.

07. 아버지는 가끔 나를 위해 장난감들을 조금 사신다.

08. 그녀는 약간의 밀가루와 초콜릿으로 맛있는 쿠키를 만든다.

　　*flour, chocolate는 셀 수 없는 명사이다.

09. 그 사막에는 나무가 거의 없다.

10. 우리는 축제기간 동안 많은 고기를 먹는다.

　　*a lot of 다음에는 복수명사와 셀 수 없는 명사가 모두 올 수 있다.

11. Mike와 나는 점심으로 샌드위치 몇 개를 먹는다.

12. Jessica는 그녀의 개를 위해 약간의 돈을 쓴다.

　　*money는 셀 수 없는 명사이다.

13. 그녀는 몇 시간 동안 피아노를 연주한다.

14. 호수에 거위들이 조금 있다.

15. 많은 여성들이 크리스마스 휴가 기간 동안 쇼핑을 한다.

Second Step

❶ **01.** a few　　**02.** few　　**03.** A lot of
04. a little　　**05.** a few　　**06.** a lot of
07. little　　**08.** a few　　**09.** a lot of
10. a little

[해설]

02. coin은 셀 수 있는 명사로 few를 쓴다.

03. 셀 수 있는 명사 앞이므로 여기서 a lot of는 lots of나 many로 바꿔 쓸 수 있다.

❷ **01.** little　　**02.** a lot of　　**03.** a little
04. a lot of　　**05.** a little　　**06.** little
07. a lot of　　**08.** a few　　**09.** Few
10. a little

[해설]

03. 아이스크림은 셀 수 없는 명사이므로 a little을 쓴다.

06. 셀 수 없는 명사 앞에 부정의 의미로 little을 쓴다.

Third Step

01. many/a lot of/lots of　　**02.** a few/some
03. children　　**04.** a few/some
05. beaches　　**06.** is
07. a few/some　　**08.** Many/A lot of/Lots of
09. much/a lot of/lots of　　**10.** cookies
11. are　　**12.** A few/Some

[해설]

03. a few 다음에는 셀 수 있는 복수명사가 온다.

04. 셀 수 있는 명사 앞에는 a few를 쓴다.

05. lots of 다음에는 셀 수 있는 명사가 오면 -s를 붙여야 한다.

06. 셀 수 없는 명사는 is를 쓴다.

Writing Step

01. drink little water

02. has many toys

03. few hotels in this country

04. uses a lot of sugar

05. gets a little information

06. a lot of rain during the rainy season

07. visit a few countries

08. is a little meat in the refrigerator

09. a few sheep

10. a lot of books in his room

11. have a few plans

12. is eating some cheese

[해설]

02. 셀 수 있는 명사에는 many를 쓴다.

Final Step

❶ 01. 나는 주스를 조금도 마시지 않는다.

02. 몇몇의 사람들이 벤치에 앉아 있다.

03. 나는 친척이 조금도 없다.

04. 그녀는 자신의 애완동물과 많은 시간을 보낸다.

05. 기차 안에 사람들이 좀 있다.

06. 오렌지 주스 좀 마실래요?

07. Jack은 서랍에 노란색 셔츠가 몇 개 있다.

08. 그녀는 아이들이[자식이] 있나요?

09. 나는 문제가 전혀 없다.

10. 우리는 매일 많은 우유를 마신다.

11. 너(희)는 물이 많이 필요하니?

12. 유리잔에 주스가 거의 없다.

[해설]

06. 권유할 때는 some을 사용한다.

08. 의문문에는 any를 사용한다.

09. 부정문에는 any를 사용한다.

❷ 01. I need a few boxes.

02. Many[A lot of/Lots of] birds are sitting on a wire.

03. A lot of students learn Japanese.

04. My father drinks a little wine at night.

05. Mike has many friends at school.

06. They meet many[a lot of/lots of] people during the trip.

07. There are few benches in the park.

08. I have a little homework today.

09. There are a few boats in the river.

10. We waste too much water.

11. I don't have any time now.

12. Would you like to have some pizza?

[해설]

01. 셀 수 있는 명사 앞에는 a few를 사용한다.

04. 셀 수 없는 명사 앞에는 a little를 사용한다.

05. many 다음에는 복수명사가 온다.

10. too much는 긍정문에 사용할 수 있다.

12. 권유를 하는 표현에서는 의문문 형태에서도 some을 쓴다.

Exercise

01. ④   02. ②   03. ⑤   04. ③   05. ⑤

06. ①   07. ③   08. ④   09. ②   10. ③

11. ②   12. ④   13. many parks

14. play any   15. a lot of money

16. Jane은 많은 소금을 사용하지 않는다.

[해석 및 해설]

01. David는 많은 _____ 먹는다.

02. 나는 많은 _____ 필요하지 않다.

03. 그녀는 약간의 _____ 있다.

04. 박스에는 _____ 고기가 있다. / _____ 학생들이 역사를 배운다.

05. 내 삼촌은 많은 소들을 가지고 있다.

   그녀는 많은 사과주스를 마신다.

06. 너는 취미가 좀 있니?

   Ann은 음식에 거의 설탕을 사용하지 않는다.

09. ① 그는 약간의 사과가 있다.

   ② 그녀는 우유를 조금도 마시지 않는다.

   ③ 차 좀 마실래요?

   ④ 많은 사람들이 쇼핑몰에 있다.

   ⑤ 그는 수프에 소금을 약간 넣는다.

10. ① 식탁 위에 과일이 좀 있다.

   ② 우리는 오늘 수업이 조금도 없다.

   ③ 나는 지금 돈이 좀 있다.

   ④ 박물관에는 사람들이 거의 없다.

   ⑤ 나는 도움이 전혀 필요 없다.

11. 그들은 많은 당근이 필요하지 않다.

12. 내 여동생(누나)은 친구가 거의 없다.

❶ 01. opens   02. takes   03. needs
04. studies   05. works   06. goes
07. enjoys   08. loves   09. misses
10. meets

❷ 01. 부정문: She doesn't want five coins.
　　의문문: Does she want five coins?
02. 부정문: The house doesn't have a big garden.
　　의문문: Does the house have a big garden?
03. 부정문: Sam doesn't have homework today.
　　의문문: Does Sam have homework today?
04. 부정문: They don't sell coffee.
　　의문문: Do they sell coffee?
05. 부정문: They don't eat hamburgers for lunch.
　　의문문: Do they eat hamburgers for lunch?
06. 부정문: The building doesn't have many windows.
　　의문문: Dose the building have many windows?
07. 부정문: You and Sara don't like Italian food.
　　의문문: Do you and Sara like Italian food?
08. 부정문: She doesn't change her hair every month.
　　의문문: Does she change her hair every month?

[해석 및 해설]
01. 그녀는 동전 다섯 개를 원한다.
02. 그 집은 큰 정원이 있다.
03. Sam은 오늘 숙제가 있다.
04. 그들은 커피를 판다.
05. 그들은 점심에 햄버거를 먹는다.
06. 그 건물은 많은 창문을 가지고 있다.
　　*doesn't 다음에는 동사원형(have)이 온다.
07. 너와 Sara는 이탈리아 음식을 좋아한다.
08. 그녀는 매달 머리모양을 바꾼다.

❸ 01. He is playing the piano.
02. Are the children swimming in the pool?
03. He is not doing his homework now.
04. Are they taking a rest under the tree?
05. She's wearing a school uniform.
06. My sister is not watering the flowers.
07. Are they having lunch at a restaurant?
08. My sister is not riding a bike now.
09. They are not listening to the radio.
10. He is making spaghetti with his mom.
11. I have some water.
12. There is a pencil on the desk.

[해석 및 해설]
01. 그는 피아노를 친다.
02. 그 아이들이 수영장에서 수영하고 있다.
03. 그는 지금 숙제를 하고 있다.
04. 그들은 나무 아래에서 쉬고 있다.
05. 그녀는 교복을 입는다.
06. 여동생은 꽃에 물을 주고 있다.
07. 그들은 식당에서 점심을 먹고 있다.
08. 여동생은 지금 자전거를 타고 있다.
09. 그들은 라디오를 듣고 있다.
10. 그는 그의 엄마와 함께 스파게티를 만든다.
11. 나는 물이 조금도 없다.
　　*any는 부정문 some은 긍정문에 사용한다.
12. 책상 위에 연필이 있니?

❹ 01. five   02. second   03. first
04. ninth   05. thirty-two   06. three hundred
07. in   08. at   09. on
10. for   11. between   12. hard

❺ 01. goes to bed early
02. is always sleepy
03. never eats meat
04. usually sleeps during winter
05. sometimes buy flowers for my mom
06. is very cold in December
07. starts at nine
08. is standing between the trees
09. watches TV after dinner
10. practice the guitar for two hours
11. have a few friends in Korea
12. is driving a car now

03. 주어가 3인칭 단수이므로 동사에 −s가 붙는다.

05. sometimes 가끔

06. 달 앞에는 전치사 in이 온다.

07. 시간 앞에는 전치사 at이 온다.

08. between ～사이에

10. 숫자와 동반해서 '～동안'이라고 표현할 때는 for가 온다.

11. a few 다음에 복수형이 온다.

⑥ 01. any　　02. too　　03. any
04. some　　05. some　　06. with
07. in front of　08. over　　09. about
10. on

Achievement Test (Chapter 5-8)

01. ⑤　　02. ①　　03. ②　　04. ③　　05. ②
06. ①　　07. ⑤　　08. ④　　09. ③　　10. ③
11. ⑤　　12. ②　　13. ①　　14. ③　　15. ④
16. ⑤　　17. ④　　18. ③　　19. ③　　20. ①
21. ③　　22. ④　　　　　　23. many trees
24. have any　　25. in　　26. to　　27. under
28. August (the) third, two thousand ten
29. usually finish　30. animals

[해석 및 해설]

01. *셀 수 없는 명사 앞에는 a little를 사용한다.

02. *salt는 셀 수 없는 명사이므로 few와 함께 할 수 없다.

03. *for 다음에는 숫자를 포함한 정확한 시간이 온다.

04. *오전, 오후, 저녁, 월, 계절, 연도에 전치사 in을 사용한다.

05. ① 탱크에 많은 물이 있다.
　② 그녀는 돈이 많지 않다.
　③ 나는 음식을 많이 먹지 않는다.
　④ 그는 많은 책이 있다.
　⑤ 그녀는 커피를 많이 마신다.
　*money는 셀 수 없는 명사이므로 many와 함께 쓸 수 없다.

06. ① 우리 학교는 9시에 시작한다.
　② 그녀는 자신의 개와 논다.
　③ 그는 버스로 학교에 간다.
　④ 내 아빠는 자동차 공장에서 일하신다.
　⑤ 그는 밤에 음식을 조금도 먹지 않는다.
　*① 특정 시간 앞에는 at을 붙인다.

07. 그는 나에게 많은 질문을 한다. / 연못에는 물이 거의 없다. *many+복수명사, little+셀 수 없는 명사

08. ④ twenty − twentieth

10. *some은 긍정문에 사용하며, 복수명사와 셀 수 없는 명사 앞에 온다.

11. *셀 수 없는 명사 앞에 부정의 의미로 little을 쓴다

12. ② Aug. 9: August ninth

13. 그녀는 손을 빠르게 씻는다. / 우리는 빠르게 거리를 건넌다.

14. *비교적 넓은 장소나 공간의 내부를 나타낼 때 in을 사용한다.

15. 나는 종종 그녀를 위해 약간의 꽃을 산다.
　Lisa은 점심으로 케이크 한 조각을 먹는다.
　*for는 '～을 위해'

16. 내 삼촌은 많은 양이 있다. / Mike는 주스를 많이 마신다.
　*a lot of(lots of)+복수명사/셀 수 없는 명사
　*sheep은 셀 수 있는 명사이다.

17. *thousand 뒤에 s를 붙이지 않는다.

18. ① 우리는 봄에 소풍을 간다.
　② Mike는 지금 교실에 있다.
　③ 기말고사는 월요일에 시작한다.
　④ Jack은 뉴욕에 산다.
　⑤ 나는 아침에 커피를 마신다.
　*요일 앞에는 전치사 on이 온다. 나머지는 in이 필요하다.

19. ① 그는 일찍 집에 온다.
　② 그녀는 빨리 달린다.
　③ 그것은 힘든 일이다.
　④ 그는 높이 뛴다.
　⑤ 그 차는 천천히 움직인다.
　*hard는 work를 꾸며주는 형용사 나머지는 부사이다.

20. Sam은 아침 일찍 일어난다. 그는 절대 학교에 지각하지 않는다.

21. *coins 앞에는 many나 a lot of 등이 올 수 있다.

22. 상자에 많은 병들이 있다.
　*셀 수 없는 명사 앞에는 a little를 사용한다.

25. *계절 앞에는 in이 온다.

26. *go to the movies 영화 보러 가다

28. *연도는 끝에 온다.

30. *many+복수명사

실전모의고사 ❶

01. ⑤	**02.** ③	**03.** ①	**04.** ③	**05.** ⑤
06. ⑤	**07.** ①	**08.** ①	**09.** ①	**10.** ④
11. ①	**12.** ②	**13.** ①	**14.** ④	**15.** ④
16. ①	**17.** ③	**18.** ③	**19.** ①	**20.** ②

21. He doesn't like soccer.　　　　**22.** in
23. I don't have breakfast.
24. a lot of / lots of　　　**25.** usually

[해석 및 해설]

01. ⑤ studying
03. *has는 주어가 3인칭 단수에 사용한다.
04. *many는 복수명사 앞에 온다.
05. *a little 다음에는 단수명사가 온다.
06. *주어는 3인칭 단수이므로 take는 takes가 되어야 한다.
07. *always는 be동사 다음에 온다.
08. *early는 부사 나머지는 형용사이다.
09. ② is ③ never visit ④ go → goes ⑤ is → are
10. *④에는 Do가 나머지에는 Does가 필요하다.
13. *요일 앞에는 on을 사용한다.
14. *some은 복수명사와 물질명사 앞에 모두 올 수 있다.
15. *Do로 묻고 있으면 do로 대답한다.
16. *any는 부정문이나 의문문에 사용한다.
17. *like는 진행형으로 쓸 수 없다.
18. *often은 일반동사 앞에 온다.
22. *계절이나 나라 앞에는 in이 온다.

실전모의고사 ❷

01. ⑤	**02.** ③	**03.** ④	**04.** ⑤	**05.** ③
06. ④	**07.** ③	**08.** ②	**09.** ④	**10.** ⑤
11. ④	**12.** ③	**13.** ③	**14.** ③	**15.** ③
16. ②	**17.** ①	**18.** ⑤	**19.** ②	**20.** ③

21. have　**22.** about
23. few　**24.** Does she like snowy days?
25. Korea is very cold in winter.

[해석 및 해설]

01. *sh로 끝나는 단어에는 es를 붙인다.
03. *시간 앞에는 at이 온다.
04. *a little/little+단수명사[물질명사]
05. *often은 부사이다.
06. *has는 주어가 3인칭 단수에 사용한다.
07. *a lot of+물질명사/복수명사
　　　*book은 물질명사가 아니므로 복수형이 와야 한다.
09. *특정기간에는 during을 사용한다. 따라서 for winter를 during winter으로 바꿔야 한다.
10. *safe는 형용사 나머지는 부사이다.
11. ① come → came ② swims → swim
　　　③ has → have ⑤ dog → dogs
12. *May the four → May the fourth
13. *few+복수명사가 와야 한다. teeth는 tooth의 복수형이다.
14. *be동사 다음에 not이 위치해야 한다.
15. *have는 현재진행형으로 사용할 수 없다.
17. *seldom은 '거의 ~하지 않는다'라는 의미이다.
18. *fast는 부사와 형용사로 사용할 수 있다.
20. *부사 very는 형용사를 수식하고 나머지는 동사를 수식하고 있다.
23. *few+복수명사: ~이 거의 없는

실전모의고사 ❸

01. ④	**02.** ②	**03.** ①	**04.** ⑤	**05.** ⑤
06. ①	**07.** ④	**08.** ②	**09.** ③	**10.** ⑤
11. ②	**12.** ④	**13.** ①	**14.** ④	**15.** ③
16. ⑤	**17.** ①	**18.** ⑤	**19.** ⑤	**20.** ①

21. two thousand sixteen
22. for, about　　**23.** few
24. I don't have classes on Sundays.
25. We take a walk for thirty minutes in the morning.

[해석 및 해설]

01. *thick 두꺼운 – thin 얇은
02. Susan은 바구니에 _____ 사과가 있다.
　　　*셀 수 있는 명사 앞에는 a little을 쓸 수 없다.
03. 요리사가 사발에 설탕을 _____ 넣었다.
　　　*셀 수 없는 명사 앞에 few를 쓸 수 없다.
04. 많은 학생들이 체육관에서 놀고 있다.

05. *fifty – fiftieth / fifteen – fifteenth

06. 엄마는 아침에 커피를 한 잔 마신다.
*in the morning 아침에

07. David는 칼로 무언가 자르고 있다. *with+도구

08. 내 누나는 항상 일찍 일어난다. 그녀는 게으르지 않다.

09. *study – studies

10. *interesting은 형용사 나머지는 현재진행형이다.

11. *② hard는 부사와 형태가 같으나 여기서는 형용사로 쓰였고, 나머지는 부사이다.

12. *소수점 이하는 하나씩 서수로 읽는다.

13. 차 드시겠어요? / Jane은 고기가 좀 있다.

14. *have가 소유를 나타낼 때는 진행형으로 쓸 수 없다.

15. *food는 셀 수 없는 명사로 many와 쓸 수 없다.

17. *always 항상 often 종종, 자주

18. 병에 물이 조금 있다. / 그녀는 커피에 설탕을 조금 넣는다.

19. 그는 많은 정보를 알고 있다. / 그녀는 엄마를 위해 꽃을 좀 산다.

20. 우리는 여름에 해변에 간다. / 나는 토요일에 수업이 없다.

23. *few+복수명사: ~이 거의 없는

25. 우리는 아침에 30분 동안 산책한다.
*주어가 복수이므로 동사 take에 s를 붙이지 않고, '~동안'이라는 의미로 특정한 시간 다음에는 for를 쓴다.

Grammar
mentor
joy

Grammar
mentor
joy

Grammar
mentor
joy

Grammar mentor **joy**

Longman
Grammar Mentor Joy 시리즈

Grammar Mentor Joy Pre

Grammar Mentor Joy Early Start 1
Grammar Mentor Joy Early Start 2

Grammar Mentor Joy Start 1
Grammar Mentor Joy Start 2

Grammar Mentor Joy 1
Grammar Mentor Joy 2
Grammar Mentor Joy 3
Grammar Mentor Joy 4

Grammar Mentor Joy Plus 1
Grammar Mentor Joy Plus 2
Grammar Mentor Joy Plus 3
Grammar Mentor Joy Plus 4

Grammar 2
mentor joy

Vocabulary 미니북

Grammar mentor joy 2

Vocabulary 미니북

PEARSON
Longman

Chapter 1

일반동사 I

01	actor 배우 [ǽktər]	The movie actor always stays at a hotel. 그 영화배우는 항상 호텔에서 묵는다.
02	along ~을 따라 [əlɔ́:ŋ]	My son walks slowly along the road. 나의 아들은 길을 따라 천천히 걷는다.
03	beach 해변 [bi:tʃ]	The women go to the beach after work. 그 여자들은 일이 끝난 후 해변에 간다.
04	bookstore 서점 [búkstɔ̀:r]	There are many books in the bookstore. 그 서점에는 책이 많다.
05	by subway 지하철로	We usually go to work by subway. 우리는 보통 지하철로 직장에 간다.
06	city hall 시청	My father works at a city hall. 나의 아버지는 시청에서 일하신다.
07	country 나라 [kʌ́ntri]	Korea is my native country. 한국은 내가 태어난 나라이다.
08	drive 운전하다 [draiv]	My uncle drives carefully. 나의 삼촌은 조심스럽게 운전한다.
09	early 일찍 [ɔ́:rli]	My grandfather goes to bed early. 나의 할아버지는 일찍 주무신다.
10	fast 빠르게 [fæst]	The grass grows very fast in spring. 잔디는 봄에 빠르게 자란다.
11	fix 수리하다 [fiks]	My brother can fix computers. 내 형은 컴퓨터를 고칠 수 있다.
12	fresh 신선한 [freʃ]	Go out and get some fresh air. 나가서 신선한 공기를 마셔라.
13	history 역사 [hístəri]	My son studies history. 내 아들은 역사 공부를 한다.
14	hunt 사냥하다 [hʌnt]	The tiger is hunting rabbits. 호랑이가 토끼를 사냥하고 있다
15	Korean 한국어, 한국의 [kərí:ən]	Can you speak Korean? 한국어 할 줄 아니?

16	live in ~에 살다	We are living in Seoul. 우리들은 서울에서 살고 있다.
17	market 시장 [máːrkit]	Does your mom go to the market every day? 너의 엄마는 매일 시장에 가시니?
18	marry 결혼하다 [mǽri]	She married her husband in 1954. 그녀는 남편과 1954년에 결혼했다.
19	museum 박물관 [mjuːzíːəm]	My parents visited a museum last Sunday. 나의 부모님은 지난 일요일에 박물관을 방문했다.
20	need 필요하다 [niːd]	My friends need five bottles of water. 내 친구들은 다섯 병의 물이 필요하다.
21	nurse 간호사 [nəːrs]	The nurses wear uniforms in the hospital. 간호사들은 병원에서 유니폼을 입는다.
22	rise (해 등) 떠오르다 [raiz]	The sun rises in the east. 태양은 동쪽에서 떠오른다.
23	SF movie 공상과학영화	I like SF movies very much. 나는 공상과학영화를 무척 좋아한다.
24	shine 빛나다 [ʃain]	Stars shine at night. 별들은 밤에 빛난다.
25	sometimes 가끔 [sʌ́mtàimz]	My mom sometimes makes pizza for us. 나의 엄마는 우리를 위해 가끔 피자를 만드신다.
26	stay 머무르다, 체류하다 [stei]	The singers stay at a nice hotel. 그 가수들은 좋은 호텔에서 머무른다.
27	uniform 유니폼 [júːnəfɔ̀ːrm]	The students don't wear school uniforms. 그 학생들은 교복을 입지 않는다.
28	vegetable 채소 [védʒitəbl]	Those vegetables are not fresh. 저 야채들은 신선하지 않다.
29	weekend 주말 [wíːkènd]	My sister is never at home on weekend. 내 여동생은 주말에 결코 집에 있지 않다.
30	worry 걱정하다 [wɔ́ːri]	He worries about his future. 그는 자신의 미래에 대해 걱정한다.

Check Up

1 다음 우리말 뜻에 해당하는 영어 단어를 쓰세요.

01 (해 등) 떠오르다

02 ~에 살다

03 ~을 따라

04 간호사

05 걱정하다

06 결혼하다

07 공상과학영화

08 머무르다, 체류하다

09 박물관

10 배우

11 빛나다

12 빠르게

13 사냥하다

14 서점

15 수리하다

4

② 다음 영어 단어에 해당하는 우리말 뜻을 쓰세요.

01　market

02　city hall

03　history

04　drive

05　uniform

06　early

07　weekend

08　vegetable

09　need

10　Korean

③ 다음 빈칸에 우리말과 일치하도록 알맞은 단어를 쓰세요.

01　The women go to the _____ after work.
　　그 여자들은 일이 끝난 후 해변에 간다.

02　My mom _____ makes pizza for us.
　　나의 엄마는 우리를 위해 가끔 피자를 만드신다.

03　Go out and get some _____ air.
　　나가서 신선한 공기를 마셔라.

04　We usually go to work _____ _____.
　　우리는 보통 지하철로 직장에 간다.

05　Korea is my native _____.
　　한국은 내가 태어난 나라이다.

01	address 주소 [ədrés]	They know her e-mail address. 그들은 그녀의 이메일 주소를 안다.
02	all day long 하루 종일	Does the baby cry all day long? 그 아기는 하루 종일 우니?
03	arrive 도착하다 [əráiv]	His father arrives home at ten. 그의 아버지는 10시에 집에 도착하신다.
04	at night 밤에	Susan doesn't drink coffee at night. Susan은 밤에 커피를 마시지 않는다.
05	before ~전에 [bifɔ́r]	Jane usually finishes her homework before dinner. Jane 보통 저녁식사 전에 숙제를 마친다.
06	Chinese 중국어 [tʃàiníːz]	Can the students speak Chinese? 그 학생들은 중국어를 할 수 있니?
07	diary 일기 [dáiəri]	Kelly writes a diary every day. Kelly는 매일 일기를 쓴다.
08	do one's best 최선을 다하다	Let's do our best next time. 다음에는 최선을 다하자.
09	ending 끝, 결말 [éndiŋ]	The story has a happy ending. 그 이야기는 해피엔딩이다.
10	enjoy 즐기다 [indʒɔ́i]	Jessica enjoys movies. Jessica는 영화감상을 즐긴다.
11	exam 시험 [igzǽm]	Sam is preparing for the final exam. Sam은 기말시험을 준비하고 있다.
12	exercise 운동하다 [éksərsàiz]	His friends exercise every day. 그의 친구들은 매일 운동한다.
13	farm 농장 [fɑːrm]	He raises pigs in the farm. 그는 농장에서 돼지를 키운다.
14	finish 끝내다 [fíniʃ]	Jane usually finishes her work at 6. Jane은 보통 6시에 일을 마친다.
15	go shopping 쇼핑하러 가다	I often go shopping with my mom. 나는 자주 엄마와 쇼핑하러 간다.

16	go to bed 자러 가다	Do you go to bed early? 너는 일찍 잠을 자니?
17	grow 재배하다 [grou]	Does your uncle grow vegetables? 네 삼촌은 채소를 재배하시니?
18	guest 손님 [gest]	The restaurant doesn't have any guests. 그 식당은 손님이 전혀 없다.
19	have a cold 감기 걸리다	She can't come here because she has a cold. 그녀는 감기에 걸려서 여기 올 수 없다.
20	hospital 병원 [háspitəl]	My mom works at a hospital. 내 엄마는 병원에서 일하신다.
21	hungry 배고픈 [hʌ́ŋgri]	He is hungry now. 그는 지금 배고프다.
22	invite 초대하다 [inváit]	She invites her friends to her birthday party. 그녀는 생일 파티에 친구들을 초대한다.
23	leaf 나뭇잎 [li:f]	The tree has many leaves. 그 나무는 많은 잎을 가지고 있다.
24	nap 낮잠 [næp]	The boy is taking a nap. 그 소년은 낮잠을 자고 있다.
25	prepare 준비하다 [pripέər]	Many people are preparing for the party. 많은 사람들이 파티를 준비하고 있다.
26	remember 기억하다 [rimémbər]	Do your parents remember my name? 네 부모님은 내 이름을 기억하시니?
27	seed 씨 [si:d]	Those fruits don't have seeds. 저 과일들은 씨가 없다.
28	take care of 돌보다	She is taking care of her children now. 그녀는 지금 아이들을 돌보고 있다.
29	under ~아래에 [ʌ́ndər]	A dog is sleeping under the chair. 개 한 마리가 의자 밑에서 자고 있다.
30	understand 이해하다 [ʌ̀ndərstǽnd]	Do you understand me? 내 말을 알아듣겠니?

Check Up

1 다음 우리말 뜻에 해당하는 영어 단어를 쓰세요.

01 ~전에

02 감기 걸리다

03 기억하다

04 끝내다

05 나뭇잎

06 낮잠

07 농장

08 도착하다

09 돌보다

10 밤에

11 배고픈

12 병원

13 손님

14 쇼핑하러 가다

15 씨

2 다음 영어 단어에 해당하는 우리말 뜻을 쓰세요.

01 exercise

02 understand

03 go to bed

04 grow

05 prepare

06 Chinese

07 enjoy

08 invite

09 do one's best

10 all day long

3 다음 빈칸에 우리말과 일치하도록 알맞은 단어를 쓰세요.

01 A dog is sleeping _____ the chair.
개 한 마리가 의자 밑에서 자고 있다.

02 They know her e-mail _____.
그들은 그녀의 이메일 주소를 안다.

03 The story has a happy _____.
그 이야기는 해피엔딩이다.

04 Sam is preparing for the final _____.
Sam은 기말시험을 준비하고 있다.

05 Kelly writes a _____ every day.
Kelly는 매일 일기를 쓴다.

Chapter 3

현재진행형

01	ask 묻다 [æsk]	She is asking him a question. 그녀는 그에게 질문을 하고 있다.
02	at noon 정오에	The students have lunch at noon. 그 학생들은 정오에 점심을 먹는다.
03	audience 청중, 관객 [ɔ́:diəns]	Jim is speaking to the audience. Jim은 청중에게 말하고 있다.
04	build 만들다 [bild]	We are building a sandcastle. 우리는 모래성을 쌓고 있다.
05	by bus 버스로	Do you go to school by bus? 너는 학교에 버스 타고 가니?
06	catch 잡다 [kætʃ]	He and I catch fish easily. 그와 나는 쉽게 고기를 잡는다.
07	chat 이야기하다 [tʃæt]	She is chatting with her friends. 그녀는 친구들과 이야기하고 있다.
08	copy machine 복사기	They are using a copy machine. 그들은 복사기를 사용하고 있는 중이다.
09	cross 가로지르다 [krɔːs]	The students are crossing the street now. 학생들이 지금 거리를 건너고 있다.
10	cut 자르다 [kʌt]	I cut bread with a knife. 나는 칼로 빵을 자른다.
11	draw 그리다 [drɔː]	He is drawing a picture now. 그는 지금 그림을 그리고 있다.
12	examine 진찰하다 [igzǽmin]	Is the doctor examining a patient? 그 의사가 환자를 진찰하고 있니?
13	future 미래 [fjúːtʃər]	Jack is talking about the future. Jack은 미래에 대해 얘기하고 있다.
14	gate 문 [geit]	They are standing in front of the gate. 그들은 문 앞에 서 있다.
15	kid 아이 [kid]	She talks to kids gently. 그녀는 아이들에게 다정하게 이야기한다.

16	letter 편지 [létər]	Tom is writing a letter with a pencil. Tom은 연필을 가지고 편지를 쓰고 있다.
17	look for ~을 찾다	Sally is looking for her glasses. Sally는 그녀의 안경을 찾고 있다.
18	magazine 잡지 [mægəzíːn]	My cousin is reading a magazine. 내 사촌은 잡지를 읽고 있다.
19	outside 밖에 [àutsáid]	Is it raining outside? 밖에 비가 오고 있니?
20	over 위로, 너머 [óuvər]	Are birds flying over the trees? 새들이 나무들 위로 날아가고 있니?
21	patient 환자 [péiʃənt]	A doctor is taking care of patients. 한 의사가 환자들을 돌보고 있다.
22	restaurant 식당 [réstərənt]	James is having dinner at the restaurant. James는 레스토랑에서 저녁을 먹고 있다.
23	sandcastle 모래성 [sǽndkæsl]	I built a huge sandcastle with my mom. 난 엄마와 함께 커다란 모래성을 쌓았다.
24	stage 무대 [steidʒ]	She is singing on the stage. 그녀가 무대 위에서 노래하고 있다.
25	street 거리 [striːt]	A dog is running to the street. 개가 도로 쪽으로 달려가고 있다.
26	travel 여행하다 [trǽvəl]	Gina and I are traveling in Europe. Gina와 나는 유럽 여행 중이다.
27	try 노력하다, 시도하다 [trai]	He tries to move the heavy sofa. 그는 무거운 소파를 움직이려 노력한다.
28	very much 매우 많이	I like baseball very much. 나는 야구를 매우 많이 좋아한다
29	wait for ~을 기다리다	Tom is waiting for a taxi Tom은 택시를 기다리고 있다.
30	wear 입다 [wɛər]	I am wearing short pants. 나는 짧은 바지를 입고 있다.

Check Up

1 다음 우리말 뜻에 해당하는 영어 단어를 쓰세요.

01   ~을 기다리다

02   ~을 찾다

03   가로지르다

04   그리다

05   입다, 걸치다

06   노력하다, 시도하다

07   만들다

08   매우 많이

09   모래성

10   무대

11   문

12   묻다

13   밖에

14   버스로

15   진찰하다

2 다음 영어 단어에 해당하는 우리말 뜻을 쓰세요.

01 restaurant

02 kid

03 travel

04 over

05 chat

06 cut

07 catch

08 magazine

09 at noon

10 copy machine

3 다음 빈칸에 우리말과 일치하도록 알맞은 단어를 쓰세요.

01 Tom is writing a _____ with a pencil.
Tom은 연필을 가지고 편지를 쓰고 있다.

02 A doctor is taking care of _____.
한 의사가 환자들을 돌보고 있다.

03 A dog is running to the _____.
개가 도로 쪽으로 달려가고 있다.

04 Jim is speaking to the _____.
Jim은 청중에게 말하고 있다.

05 Jack is talking about the _____.
Jack은 미래에 대해 얘기하고 있다.

Chapter 4 형용사

01	angry 화난 [ǽŋgri]	My parents are angry now. 내 부모님은 지금 화가 나셨다.
02	apartment 아파트 [əpá:rtmənt]	Those apartments are not old. 저 아파트들은 오래되지 않았다.
03	bitter 쓴 [bítər]	Your coffee is bitter. 너의 커피가 쓰다.
04	comfortable 편안한 [kʌ́mfərtəbl]	The sofa is very comfortable. 그 소파는 매우 편하다.
05	cool 시원한 [ku:l]	He is drinking cool water. 그는 시원한 물을 마시고 있다.
06	dangerous 위험한 [déindʒərəs]	This old building is dangerous. 이 오래된 건물은 위험하다.
07	diligent 부지런한 [dílidʒənt]	Sally is diligent and kind. Sally는 부지런하고 친절하다.
08	dry 마른, 건조한 [drai]	I need a dry towel. 나는 마른 수건이 필요하다.
09	enough 충분한 [inʌ́f]	We don't have enough time. 우리는 충분한 시간이 없다.
10	friendly 친절한, 다정한 [fréndli]	Sam is friendly and funny. Sam은 다정하고 재미있다.
11	heavy 무거운 [hévi]	The box is so heavy. 그 박스는 무척 무겁다.
12	invention 발명품 [invénʃən]	His new invention is wonderful. 그의 새로운 발명품은 훌륭하다.
13	knife 칼 [naif]	That is a sharp knife. 저것은 날카로운 칼이다.
14	lie 거짓말 [lai]	He doesn't tell a lie. 그는 거짓말을 하지 않는다.
15	light 가벼운 [lait]	This box is not light. 이 상자는 가볍지 않다.

16	right 옳은, 오른쪽 [rait]	His teacher wants a right answer. 그의 선생님은 옳은 대답을 원한다.
17	safe 안전한 [seif]	We live in a safe city. 우리는 안전한 도시에 산다.
18	shake hands 악수하다	He shakes hands with a man. 그는 한 남성과 악수를 한다.
19	sharp 날카로운 [ʃɑːrp]	These bats have small and sharp teeth. 이 박쥐들은 작고 날카로운 이빨을 가지고 있다.
20	sick 아픈 [sik]	My brother is sick. 내 동생은 아프다.
21	special 특별한 [spéʃəl]	July is a very special month for me. 7월은 나한테 매우 특별한 달이다.
22	strange 낯선, 이상한 [streindʒ]	I met a strange man. 나는 낯선 남자를 만났다.
23	subject 과목 [sʌ́bdʒikt]	Math is a difficult subject. 수학은 어려운 과목이다.
24	thick 두꺼운 [θik]	She has a thick book. 그녀는 두꺼운 책을 가지고 있다.
25	thin 얇은 [θin]	He is wearing a thin coat. 그는 얇은 코트를 입고 있다.
26	thirsty 목이 마른 [θə́ːrsti]	I often feel thirsty. 나는 종종 목이 마른다.
27	unkind 불친절한 [ʌnkáind]	She is very unkind to me. 그녀는 내게 매우 불친절하다.
28	wet 젖은 [wet]	This towel is wet. 이 수건은 젖었다.
29	wise 현명한 [waiz]	It is a wise decision. 그것은 현명한 결정이다.
30	wonderful 훌륭한, 멋진 [wʌ́ndərfəl]	We sell wonderful shoes. 우리는 멋진 신발을 판다.

Check Up

1 다음 우리말 뜻에 해당하는 영어 단어를 쓰세요.

01 가벼운

02 거짓말

03 과목

04 날카로운

05 낯선, 이상한

06 두꺼운

07 마른, 건조한

08 시원한

09 목이 마른

10 무거운

11 발명품

12 부지런한

13 불친절한

14 쓴

15 아파트

2 다음 영어 단어에 해당하는 우리말 뜻을 쓰세요.

01   sick

02   shake hands

03   thin

04   right

05   dangerous

06   wet

07   enough

08   friendly

09   angry

10   knife

3 다음 빈칸에 우리말과 일치하도록 알맞은 단어를 쓰세요.

01   July is a very _____ month for me.
그것은 나한테 매우 특별한 달이다.

02   The sofa is very _____.
그 소파는 매우 편하다.

03   It is a _____ decision.
그것은 현명한 결정이다.

04   We sell _____ shoes.
우리는 멋진 신발을 판다.

05   We live in a _____ city.
우리는 안전한 도시에 산다.

Chapter 5 기수 · 서수

01	about 대략, 약 [əbáut]	He arrives about three o'clock. 그는 대략 3시쯤에 도착한다.
02	alarm clock 알람시계	I have three alarm clocks. 나는 세 개의 알람시계가 있다.
03	balloon 풍선 [bəlúːn]	A lot of balloons are in the sky. 많은 풍선들이 하늘에 있다.
04	basket 바구니 [bǽskit]	Are there any tomatoes in the basket? 바구니에 토마토가 좀 있니?
05	bathroom 화장실 [bǽθrùːm]	My house has two bathrooms. 나의 집은 화장실이 두 개다.
06	blue jeans 청바지	My mom has five blue jeans. 나의 엄마는 청바지가 다섯 개 있다.
07	button 단추, 버튼 [bʌ́tən]	Don't touch the third button. 3번째 버튼은 건드리지 마라.
08	concert 음악회 [kɑ́nsəːrt]	The concert ticket is twenty-nine dollars. 음악회 입장권은 29달러다.
09	difficult 어려운 [dífəkʌ̀lt]	The test is not difficult. 그 시험은 어렵지 않다.
10	floor 바닥 [flɔːr]	His office is on the ninth floor. 그의 사무실은 9층에 있다.
11	grade 학년 [greid]	My sister is in the second grade. 여동생은 2학년이다.
12	gym 체육관 [dʒim]	There are many students in the gym. 체육관에 많은 학생들이 있다.
13	hour 시간 [áuər]	We take a walk for two hours in the morning. 우리는 아침에 두 시간 동안 산책한다.
14	in a day 하루에	We eat three meals in a day. 우리는 하루에 세끼 식사를 한다.
15	language 언어 [lǽŋgwidʒ]	I learn three languages. 나는 세 가지 언어를 배운다.

16	minute 분 [mínit]	**We take a rest for ten minutes.** 우리는 10분 동안 휴식한다.
17	novel 소설 [nával]	**This is his second novel.** 이것은 그의 두 번째 소설이다.
18	office 사무실 [ɔ́:fis]	**The office is empty now.** 그 사무실은 지금 비어 있다.
19	pilot 조종사 [páilət]	**His second son is a pilot.** 그의 둘째 아들은 비행기 조종사다.
20	press 누르다 [pres]	**Don't press the second button.** 두 번째 버튼은 누르지 마세요.
21	question 질문 [kwéstʃən]	**The question is so hard.** 그 문제는 매우 어렵다.
22	season 계절, 시즌 [síːzən]	**The baseball season starts in April.** 야구 시즌이 4월에 시작한다.
23	step 계단, 단계 [step]	**The first step is reading this book.** 첫 번째 단계는 이 책을 읽는 것이다.
24	take a rest 휴식하다	**The workers are taking a rest now.** 근로자들은 지금 휴식을 하고 있다.
25	theater 극장 [θíːətər]	**I often go to the theater.** 나는 종종 극장에 간다.
26	ticket 티켓 [tíkit]	**Did you buy a bus ticket?** 너 버스표 샀니?
27	touch 건드리다, 만지다 [tʌtʃ]	**Don't touch my computer.** 내 컴퓨터를 건드리지 마라.
28	toy shop 장난감 가게	**Many children are in the toy shop.** 그 장난감 가게에 많은 아이들이 있다.
29	trip 여행 [trip]	**They meet many people during the trip.** 그들은 여행 중에 많은 사람을 만난다.
30	wrong 잘못된, 틀린 [rɔːŋ]	**It is a wrong answer.** 그것은 틀린 답이다.

Check Up

1 다음 우리말 뜻에 해당하는 영어 단어를 쓰세요.

01 계단, 단계

02 계절, 시즌

03 극장

04 누르다

05 단추, 버튼

06 대략, 약

07 바구니

08 바닥

09 분

10 사무실

11 시간

12 알람시계

13 어려운

14 언어

15 여행

② 다음 영어 단어에 해당하는 우리말 뜻을 쓰세요.

01　concert

02　wrong

03　toy shop

04　pilot

05　question

06　blue jeans

07　balloon

08　in a day

09　bathroom

10　take a rest

③ 다음 빈칸에 우리말과 일치하도록 알맞은 단어를 쓰세요.

01　My sister is in the second _____.
　　여동생은 2학년이다.

02　Don't _____ my computer.
　　내 컴퓨터를 건드리지 마라.

03　There are many students in the _____.
　　체육관에 많은 학생들이 있다.

04　Did you buy a bus _____?
　　너 버스표 샀니?

05　This is his second _____.
　　이것은 그의 두 번째 소설이다.

Chapter 6

부사

01	action movie 액션 영화	They really like action movies. 그들은 정말로 액션 영화를 좋아한다.
02	always 항상 [ɔ́:lweiz]	My father always talks to me loudly. 내 아버지는 항상 내게 크게 말하신다.
03	blow 불다 [blou]	The wind blows gently. 바람이 솔솔 불어온다.
04	delicious 맛있는 [dilíʃəs]	She makes delicious cookies. 그녀는 맛있는 쿠키를 만든다.
05	during ~동안 [djú:əriŋ]	We eat a lot of meat during the festival. 우리는 축제기간 동안 많은 고기를 먹는다.
06	fall asleep 잠들다	I fall asleep very easily. 나는 매우 쉽게 잠든다.
07	final exam 기말시험	The final exam starts on Monday. 기말시험은 월요일에 시작한다.
08	gentle 온화한 [dʒéntl]	My father is very kind and gentle. 아버지는 매우 친절하고 온화하시다.
09	go fishing 낚시하러 가다	We go fishing on weekend. 우리는 주말에 낚시를 간다.
10	go to the movies 영화 보러 가다	They never go to the movies. 그들은 결코 영화를 보러 가지 않는다.
11	grow up 자라다	These trees grow up quickly. 이 나무들은 빠르게 자란다.
12	health 건강 [helθ]	Milk is very good for our health. 우유는 우리의 건강에 좋다.
13	mistake 실수 [mistéik]	We often make a mistake. 우리는 종종 실수를 한다.
14	problem 문제 [prábləm]	There is a big problem. 큰 문제가 있다.
15	meeting 회의 [mí:tiŋ]	She is always late for the meeting. 그녀는 항상 회의에 늦는다.

16	mind 마음 [maind]	My father changes his mind suddenly. 내 아버지는 갑자기 마음을 바꾸신다.
17	miss 그리워하다 [mis]	Alice misses her country. Alice는 자신의 조국을 그리워한다.
18	noodle 국수 [núːdl]	We don't eat rice noodles. 우리는 쌀국수를 먹지 않는다.
19	on weekend 주말에	They are never at home on weekend. 그들은 주말에 결코 집에 있지 않다.
20	pretty 꽤, 아주 [príti]	The baby is pretty cute. 그 아기는 매우 귀엽다.
21	quietly 조용히 [kwáiətli]	She always talks to him quietly. 그녀는 항상 그에게 조용히 말한다.
22	score 점수 [skɔːr]	His English test score is bad. 그의 영어시험 성적은 나쁘다.
23	seldom 좀처럼 (~않다) [séldəm]	They seldom watch TV on Sunday. 그들은 일요일에 거의 TV를 보지 않는다.
24	simply 간단하게 [símpli]	This book explains grammar simply. 이 책은 문법을 간단하게 설명한다.
25	solve 해결하다 [salv]	He solves the problems easily. 그는 그 문제를 쉽게 푼다.
26	suddenly 갑자기 [sʌ́dnli]	An accident happens suddenly. 사고는 갑자기 일어난다.
27	tail 꼬리 [teil]	The dog moves his tail fast. 그 개는 꼬리를 빠르게 움직인다.
28	truly 진심으로 [trúːli]	I truly understand you. 나는 진심으로 너를 이해한다.
29	usually 보통 [júːʒuəli]	They usually watch TV on Sunday. 그들은 보통 일요일에 TV를 본다.
30	wisely 현명하게 [waizli]	Thomas uses his money wisely. Thomas는 돈을 현명하게 사용한다.

Check Up

1 다음 우리말 뜻에 해당하는 영어 단어를 쓰세요.

01 간단하게

02 갑자기

03 건강

04 국수

05 그리워하다

06 기말시험

07 꽤, 아주

08 낚시하러 가다

09 마음

10 맛있는

11 보통

12 불다

13 문제

14 실수

15 액션 영화

01 go to the movies

02 gentle

03 grow up

04 fall asleep

05 score

06 quietly

07 on weekend

08 truly

09 always

10 solve

❸ 다음 빈칸에 우리말과 일치하도록 알맞은 단어를 쓰세요.

01 Thomas uses his money _____.
Thomas는 돈을 현명하게 사용한다.

02 She is always late for the _____.
그녀는 항상 회의에 늦는다.

03 We eat a lot of meat _____ the festival.
우리는 축제기간 동안 많은 고기를 먹는다.

04 They _____ watch TV on Sunday.
그들은 일요일에 거의 TV를 보지 않는다.

05 The dog moves his _____ fast.
그 개는 꼬리를 빠르게 움직인다.

Chapter 7

전치사

01	airport 공항 [έərpɔ̀ːrt]	We are at the airport now. 우리는 지금 공항에 있다.
02	bakery 빵집, 제과점 [béikəri]	The bank is across from the bakery. 은행은 제과점 건너편에 있다.
03	beauty shop 미용실	The beauty shop closes at 9 o'clock. 그 미용실은 9시에 문을 닫는다.
04	bridge 다리 [bridʒ]	Many boats are under the bridge. 많은 보트들이 다리 밑에 있다.
05	dawn 새벽 [dɔːn]	The fish market opens at dawn. 수산시장은 새벽에 열린다.
06	December 12월 [disémbər]	There are 31 days in December. 12월에는 31일이 있다.
07	fall 가을 [fɔːl]	My favorite season is fall. 내가 좋아하는 계절은 가을이다.
08	festival 축제 [féstəvəl]	The town held a festival this year. 올해 그 마을은 축제를 열었다.
09	flea market 벼룩시장	The flea market always opens on Friday. 벼룩시장은 항상 금요일에 열린다.
10	forest 숲 [fɔ́ːrist]	James lives near the forest. James는 숲 근처에 산다.
11	garage 차고 [gərάːdʒ]	There are two cars in the garage. 차고 안에 자동차가 2대 있다.
12	go on a picnic 소풍 가다	We go on a picnic in spring. 우리는 봄에 소풍을 간다.
13	go skiing 스키 타러 가다	She and I go skiing during winter vacation. 그녀와 나는 겨울방학 동안 스키를 타러 간다.
14	hang 매달리다 [hæŋ]	The light is hanging over the desk. 등이 책상 위에 매달려 있다.
15	let's+동사원형 ~하자	Let's run to the subway station. 지하철역으로 뛰어가자.

26

16	look out 밖을 보다	Lisa is looking out the window. Lisa는 창밖을 바라보고 있다.
17	midnight 자정 [mídnàit]	Some stores open at midnight. 일부 가게들은 한밤중에 문을 연다.
18	movie theater 극장	The gym is across from the movie theater. 그 체육관은 영화관 건너편에 있다.
19	on foot 걸어서	He goes to school on foot. 그들은 걸어서 학교에 간다.
20	post office 우체국	Susie is walking to the post office. Susie는 우체국으로 걸어가고 있는 중이다.
21	result 결과 [rizʌ́lt]	They are talking about the exam results. 그들은 시험결과에 대해 얘기 중이다.
22	scissors 가위 [sízərz]	Jim is cutting the paper with scissors. Jim이 가위로 종이를 자르고 있다.
23	station 역 [stéiʃən]	A train is at the station. 기차가 역에 있다.
24	take a break 쉬다	Let's take a break for ten minutes 10분간 쉬었다 하자.
25	take a walk 산책하다	I take a walk in the evening. 나는 저녁에 산책을 한다.
26	tourist 관광객 [túːərist]	Many tourists visit our town during the festival. 축제기간 동안 많은 관광객들이 우리 마을을 방문한다.
27	tunnel 터널 [tʌ́nəl]	There is a tunnel under the mountain. 산 아래에 터널이 있다.
28	turn 바뀌다 [təːrn]	Leaves turn red and yellow in fall. 가을에 나뭇잎들은 빨간색과 노란색으로 바뀐다.
29	vacation 휴가 [veikéiʃən]	We take a vacation for two months. 우리는 두 달 동안 휴가를 간다.
30	wash the dishes 설거지 하다	Jane washes the dishes after dinner. Jane은 저녁식사 후 설거지를 한다.

Check Up

1 다음 우리말 뜻에 해당하는 영어 단어를 쓰세요.

01 가위

02 가을

03 걸어서

04 결과

05 공항

06 관광객

07 극장

08 다리

09 매달리다

10 미용실

11 바뀌다

12 밖을 보다

13 벼룩시장

14 빵집, 제과점

15 산책하다

② 다음 영어 단어에 해당하는 우리말 뜻을 쓰세요.

01 dawn

02 wash the dishes

03 go on a picnic

04 forest

05 take a break

06 go skiing

07 station

08 post office

09 tunnel

10 midnight

③ 다음 빈칸에 우리말과 일치하도록 알맞은 단어를 쓰세요.

01 There are two cars in the _____.
차고 안에 자동차가 2대 있다.

02 The town held a _____ this year.
올해 그 마을은 축제를 열었다.

03 We take a _____ for two months.
우리는 두 달 동안 휴가를 간다.

04 _____ run to the subway station.
지하철역으로 뛰어가자.

05 There are 31 days in _____.
12월에는 31일이 있다.

Chapter 8

수량을 나타내는 표현

01	air 공기 [εər]	Let's go out for some fresh air. 나가서 신선한 공기 좀 쐬자.
02	bowl 그릇, 대접 [boul]	There isn't any soup in the bowl. 그릇에 수프가 조금도 없다.
03	cafeteria 구내식당 [kæ̀fətíəriə]	There are a few people in the cafeteria. 구내식당에 약간의 사람들이 있다.
04	care 보살핌 [kεər]	The children need a lot of care and love. 그 어린이들은 많은 보살핌과 사랑이 필요하다.
05	comic book 만화책	They have a few comic books. 그들은 약간의 만화책이 있다.
06	desert 사막 [dézərt]	It never rains in the desert. 사막에는 비가 결코 내리지 않는다.
07	dessert 후식 [dizə́:rt]	We need a little ice cream for dessert. 우리는 후식으로 약간의 아이스크림이 필요하다.
08	drawer 서랍 [drɔ:r]	Jack has a few yellow shirts in the drawer. Jack은 서랍에 노란색 셔츠가 몇 개 있다.
09	fallen leaf 낙엽	There are a lot of fallen leaves on the street. 거리에 많은 낙엽들이 있다.
10	fast food 패스트푸드	She never eats fast food. 그녀는 결코 패스트푸드를 먹지 않는다.
11	hall 큰 방, 홀, 복도 [hɔ:l]	There are few students in the hall. 홀에 학생들이 거의 없다.
12	holiday 휴가 [hálidèi]	A lot of women go shopping during Christmas holidays. 많은 여성들이 크리스마스 휴가 기간 동안 쇼핑을 한다.
13	in the world 세상에	There are a lot of lakes in the world. 이 세상에는 많은 호수들이 있다.
14	information 정보 [ìnfərméiʃən]	I have little information about them. 나는 그들에 대해 거의 정보가 없다.
15	insect 곤충 [ínsekt]	Many insects live in the forest. 많은 곤충들이 숲에 살고 있다.

16	musician 음악가 [mjuːzíʃən]	Do you know any musicians? 너는 음악가를 좀 아니?
17	on the street 거리에	The woman is parking her car on the street. 여자가 길에 차를 주차하고 있다.
18	pain 고통 [pein]	Do you feel much pain? 너는 몹시 아프니?
19	parking lot 주차장	There are a few cars in the parking lot. 주차장에 자동차가 몇 대 있다.
20	passenger 승객 [pǽsəndʒər]	Many passengers are in the train. 많은 승객들이 기차에 있다.
21	pet 애완동물 [pet]	She spends a lot of time with her pets. 그녀는 자신의 애완동물과 많은 시간을 보낸다.
22	rainy season 장마	There is a lot of rain during the rainy season. 장마철에는 비가 많이 온다.
23	refrigerator 냉장고 [rifrídʒərèitər]	There is a little meat in my refrigerator 내 냉장고에 고기가 조금 있다.
24	relative 친척 [rélətiv]	I don't have any relatives. 나는 친척이 조금도 없다.
25	seafood 해산물 [síːfùːd]	Does she like seafood? 그녀는 해산물을 좋아하니?
26	spend (시간) 보내다, [spend] (돈) 쓰다	Jessica spends a little money for her dog. Jessica는 그녀의 개를 위해 약간의 돈을 쓴다.
27	syrup 시럽 [sírəp]	The cook uses a lot of sugar and syrup. 그 요리사는 설탕과 시럽을 많이 사용한다.
28	tank 탱크, 통 [tæŋk]	We have some oil in the tank. 연료통에 기름이 조금 있다.
29	waste 낭비하다 [weist]	We waste too much water. 우리는 너무 많은 물을 낭비한다.
30	wire 전선 [waiər]	Many birds are sitting on the wire. 많은 새들이 전선에 앉아 있다.

Check Up

1 다음 우리말 뜻에 해당하는 영어 단어를 쓰세요.

01 (시간) 보내다, (돈) 쓰다

02 거리에

03 고통

04 곤충

05 공기

06 구내식당

07 그릇, 대접

08 낙엽

09 낭비하다

10 냉장고

11 만화책

12 보살핌

13 사막

14 서랍

15 세상에

2 다음 영어 단어에 해당하는 우리말 뜻을 쓰세요.

01 passenger

02 syrup

03 pet

04 musician

05 rainy season

06 parking lot

07 relative

08 tank

09 fast food

10 seafood

3 다음 빈칸에 우리말과 일치하도록 알맞은 단어를 쓰세요.

01 We need a little ice cream for _____.
우리는 후식으로 약간의 아이스크림이 필요하다.

02 A lot of women go shopping during Christmas _____.
많은 여성들이 크리스마스 휴가 기간 동안 쇼핑을 한다.

03 Many birds are sitting on the _____.
많은 새들이 전선에 앉아 있다.

04 I have little _____ about them.
나는 그들에 대해 거의 정보가 없다.

05 There are few students in the _____.
홀에 학생들이 거의 없다.

단어장 해답

Chapter 01. 일반동사 I

❶ 01. rise   02. live in   03. along   04. nurse   05. worry
06. marry   07. SF movie   08. stay   09. museum   10. actor
11. shine   12. fast   13. hunt   14. bookstore   15. fix

❷ 01. 시장   02. 시청   03. 역사   04. 운전하다   05. 유니폼
06. 일찍   07. 주말   08. 채소   09. 필요하다   10. 한국어, 한국의

❸ 01. beach   02. sometimes   03. fresh   04. by subway   05. country

Chapter 02. 일반동사 II

❶ 01. before   02. have a cold   03. remember   04. finish   05. leaf
06. nap   07. farm   08. arrive   09. take care of   10. at night
11. hungry   12. hospital   13. guest   14. go shopping   15. seed

❷ 01. 운동하다   02. 이해하다   03. 자러 가다   04. 재배하다   05. 준비하다
06. 중국어   07. 즐기다   08. 초대하다   09. 최선을 다하다   10. 하루 종일

❸ 01. under   02. address   03. ending   04. exam   05. diary

Chapter 03. 현재진행형

❶ 01. wait for   02. look for   03. cross   04. draw   05. wear
06. try   07. build   08. very much   09. sandcastle   10. stage
11. gate   12. ask   13. outside   14. by bus   15. examine

❷ 01. 식당   02. 아이   03. 여행하다   04. 위로, 너머   05. 이야기하다
06. 자르다   07. 잡다   08. 잡지   09. 정오에   10. 복사기

❸ 01. letter   02. patients   03. street   04. audience   05. future

Chapter 04. 형용사

❶ 01. light　　02. lie　　03. subject　　04. sharp　　05. strange
　06. thick　　07. dry　　08. cool　　09. thirsty　　10. heavy
　11. invention　12. diligent　13. unkind　14. bitter　15. apartment

❷ 01. 아픈　　02. 악수하다　　03. 얇은　　04. 옳은, 오른쪽　05. 위험한
　06. 젖은　　07. 충분한　　08. 친절한, 다정한　09. 화난　　10. 칼

❸ 01. special　　02. comfortable　03. wise　　04. wonderful　05. safe

Chapter 05. 기수·서수

❶ 01. step　　02. season　　03. theater　　04. press　　05. button
　06. about　　07. basket　　08. floor　　09. minute　　10. office
　11. hour　　12. alarm clock　13. difficult　14. language　15. trip

❷ 01. 음악회　　02. 잘못된, 틀린　03. 장난감 가게　04. 조종사　　05. 질문
　06. 청바지　　07. 풍선　　08. 하루에　　09. 화장실　　10. 휴식하다

❸ 01. grade　　02. touch　　03. gym　　04. ticket　　05. novel

Chapter 06. 부사

❶ 01. simply　　02. suddenly　　03. health　　04. noodle　　05. miss
　06. final exam　07. pretty　　08. go fishing　09. mind　　10. delicious
　11. usually　　12. blow　　13. problem　　14. mistake　　15. action movie

❷ 01. 영화 보러 가다　02. 온화한　　03. 자라다　　04. 잠들다　　05. 점수
　06. 조용히　　07. 주말에　　08. 진심으로　　09. 항상　　10. 해결하다

❸ 01. wisely　　02. meeting　　03. during　　04. seldom　　05. tail

Chapter 07. 전치사

❶ 01. scissors   02. fall   03. on foot   04. result   05. airport
06. tourist   07. movie theater   08. bridge   09. hang   10. beauty shop
11. turn   12. look out   13. flea market 14. bakery   15. take a walk

❷ 01. 새벽   02. 설거지 하다   03. 소풍 가다   04. 숲   05. 쉬다
06. 스키 타러 가다 07. 역   08. 우체국   09. 터널   10. 자정

❸ 01. garage   02. festival   03. vacation   04. Let's   05. December

Chapter 08. 수량을 나타내는 형용사

❶ 01. spend   02. on the street 03. pain   04. insect   05. air
06. cafeteria   07. bowl   08. fallen leaf   09. waste   10. refrigerator
11. comic book 12. care   13. desert   14. drawer   15. in the world

❷ 01. 승객   02. 시럽   03. 애완동물   04. 음악가   05. 장마
06. 주차장   07. 친척   08. 탱크, 통   09. 패스트푸드 10. 해산물

❸ 01. dessert   02. holiday   03. wire   04. information 05. hall

Grammar
mentor
joy

Longman
Grammar Mentor Joy 시리즈

Grammar Mentor Joy Pre

Grammar Mentor Joy Early Start 1
Grammar Mentor Joy Early Start 2

Grammar Mentor Joy Start 1
Grammar Mentor Joy Start 2

Grammar Mentor Joy 1
Grammar Mentor Joy 2
Grammar Mentor Joy 3
Grammar Mentor Joy 4

Grammar Mentor Joy Plus 1
Grammar Mentor Joy Plus 2
Grammar Mentor Joy Plus 3
Grammar Mentor Joy Plus 4